顾客行为心理学

GU KE
XING WEI
XIN LI XUE

篱落◎主编

黑龙江科学技术出版社
HEILONGJIANG SCIENCE AND TECHNOLOGY PRESS

图书在版编目（CIP）数据

顾客行为心理学 / 篱落主编. -- 哈尔滨 : 黑龙江科学技术出版社, 2019.7

ISBN 978-7-5719-0235-3

Ⅰ. ①顾… Ⅱ. ①篱… Ⅲ. ①消费心理学 Ⅳ. ①F713.55

中国版本图书馆CIP数据核字(2019)第143225号

顾客行为心理学
GUKE XINGWEI XINLIXUE
篱　落　主编

项目总监　薛方闻
策划编辑　沈福威
责任编辑　马远洋
封面设计　吕佳奇
出　　版　黑龙江科学技术出版社
　　　　　地址：哈尔滨市南岗区公安街70-2号　邮编：150007
　　　　　电话：（0451）53642106　传真：（0451）53642143
　　　　　网址：www.lkcbs.cn
发　　行　全国新华书店
印　　刷　北京铭传印刷有限公司
开　　本　880 mm × 1230 mm　1/32
印　　张　6
字　　数　150千字
版　　次　2019年7月第1版
印　　次　2019年7月第1次印刷
书　　号　978-7-5719-0235-3
定　　价　36.80元

前 言

PREFACE

“十年难成买卖人”。世界上最难的莫过于卖东西，卖东西的人形形色色，没有一套简单易学的定律，只能靠自己慢慢积累，尤其是在现在买方市场的环境中，研究顾客已经成为销售人员的必学课程。

美国的销售大师升道夫博士说：“销售是 98% 的了解人性加上 2% 的产品知识。”作为商家和销售人员，绝不能只关心产品，只想着销售产品，通过顾客的行为，摸透顾客的心理，往往更重要也更关键。

自古商场如战场，滚滚硝烟弥漫，攻守杀伐，无不需要过硬的心理素质，知己知彼，才能百战不殆，脱颖而出。

大数据背景下，我们身处互联网和信息高速发展的时代，进行产品和服务的销售，要打的不仅仅是嘴仗，更是一场场的心理战。心与心的较量，唯能者胜之，只有懂顾客心理学，才能做好销售。

每一位成功的销售人员，一定是一位出色的心理学家，懂得察言观色，能够细致入微地深入顾客的内心，挖掘顾客消费行为背后的需求，洞悉人性深处的渴望。

所谓“存在即合理”，顾客的行为都有规律可循，有其本真的目的，而其心理变化也都蕴含在其中。从顾客的行为心理入手，掌握高超的销售技巧，正确捕捉顾客释放出的信号，可以更好地发现商机。

以人为本，通过顾客的社会角色化心理解读，可以更好地探察顾客的购买动机；置身大数据的环境中，对顾客不同的外貌仪态、穿着打扮、面部表情、声音语言、举止表现、肢体动作、行为习惯等，要有不同的体察；通过手机联系，可以追踪顾客的心理动态；理顺与顾客的关系，会更有助于展开销售。

销售人员若能结合具体的情境，做到精准剖析顾客心理，采取有针对性的营销策略，将会取得事半功倍的效果，大幅提高成交率。

编者

目 录

CONTENTS

第一章

顾客的社会角色化心理解读

你不可能永远为自己买东西！每个人都有自己的社会角色，父亲、母亲、儿子、女儿等这些角色，在购买商品时的心理是不同的。不同的角色、不同的目的，让厂家和销售人员开始研究顾客心理，如何满足角色化需求，成为现在市场中必要的思考。

深入人性，才能了解顾客

从“背背佳”到“E人E本”，再到“8848”手机，然后到今天的“小罐茶”，杜国楹这个名字被很多人牢记。将低成本的产品卖出高价，谋取最大利益，这是商家的出发点，而顾客又怎能被那些花样繁多的广告轻易征服呢?

有人算过一笔账，上述产品的成本在售价的10% ~ 30%，绝对谈不上价廉物美，而顾客为什么能够接受呢？这似乎不符合常理。

答案是满足了顾客某方面的心理需求。

想起了自己曾经做过的一个案例：某款木耳产品最初主打的是防霾功能，刚开始进行得还不错，后来，厂家自己改变主意，将产品定位成物美价廉，主打“温饱”概念，很快便做不下去了……

按道理吃穿住行才是产品最关键的功能，这款木耳产品做不下去，似乎有点儿不合情理。其原因是很多产品没有脱离产品本身功能化的因素，往往做起来费力不讨好。

曾经有一位老师跟我说过，未来最赚钱的行业绝对不是吃穿住行，而是那些“吸引眼球”的东西。我认同，就现在的市场来看，拉动顾客购买欲的肯定是那些新颖的东西，无论实用性大小。

大数据背景下，网店如雨后春笋，如果你还在对逛商场的顾客诚恳地说“这款衣服质量是很好的”，或者说“这件衣服最近有很大的优惠”，相信你绝对是个新手。

顾客的需求点并不在此，你说了等于白说。当然，虽然不能打动他们的内心，但也并非一无是处，至少你是热情的。

当今顾客需要的是用衣服来标榜性格，增强气质。此时此刻，款式和文化背景就成了主要因素，其他的因素或许在顾客考虑范围之内，但绝对起不到决定性作用。

网上有人说：“穷人难以理解富人的世界。”

这是有道理的，当你没有脱离温饱层面的时候，再谈其他的，例如款式、文化，或许你也在意，但这件衣服价格一旦超出你的想象，你会毫不犹豫地放下。

再说回到文章开头那几个产品，“背背佳”自不必说，在当时概念被炒得铺天盖地，人人皆知，这便是广告的功效。

“如果不买背背佳，便感觉孩子长大后会驼背。”这是很多父母的心声，孩子对于父母来说，大过自己，父母又岂能在价格上计较，为了孩子，可以倾其所有。

很多年以后，以此为切入点，只要广告打得还行，都能获得不错的收益。

在家长培养孩子的时期，家长的感性大于理性，只要孩子喜欢，或者对孩子有用，家长肯定会毫不犹豫。

可以到市场上看看，孩子的衣服鞋子永远比大人的贵，而那些便宜的商品，家长是不屑一顾的，这不但涉及产品本身问题，还涉及情感层面的东西。

作为一名营销策划，我的老师第一句说的话就是：“你的工作便是抛弃自己的喜好，而改成顾客的喜好，这是最重要的事情。”

很多推销人员都是介绍自己的产品有多好多好，而从来没有说过顾客将会得到更高层次的体验，这是一种表达失误。这些表达是建立在顾客本身对产品进行过横向比较，而且了解比较透彻的基础上，而对那些第一次接触的人来说，往往很难听进推销员的诉说……

“你说了这么多，这跟我有什么关系？”

“你说了那么多专有名词，我听不懂啊！”

……

应该从顾客的角度来阐述一些东西，使他们能够听下去，毕竟，人的关注点永远在自己身上。

“E人E本”，高端商务定制产品，让人惊讶的是，它的价格竟然比同时期三星相同配置的电脑高很多，这个商务场合是必需的，也是包装的需要，更是可以卖高价的基础。“8848”也是如此，从某种意义上来说成了一种身份的象征，手机的功能性和实用性都不在考虑的范围之内，这个产品早已将性价比这个词抛弃了。

顾客很多细微的心理，都将被营销人敏锐地抓住。有人曾说：“营销是一个不道德的行业，专门攻击人内心最薄弱的环节。”我想是这样的。

别人的世界你可以不懂，但作为商家来说，顾客的世界你是必须要进入的。当然，顾客不会轻易吐露内心的真实想法，买卖双方始终是内心对立的存在，即便现在已经演化得更加人性化，但其本质依然没变。想掏出人家兜里的钱，你必须放下自我，进入顾客的世界。

为人子女的顾客心理

在进行商品和服务消费的时候，顾客因社会角色的不同，会产生不同的购买心理。为人子女者的顾客心理，主要体现出以父母养老、医疗、保健等需求为主的消费倾向，商家在进行产品或服务营销时，要充分考虑到这一点。

“百善孝为先”，孝敬父母一直都是中华民族的传统美德，根植于国人的观念中。作为子女的中青年，进入社会开始工作，有了独立的经济能力后，养老扶老、孝敬父母，成为大多数人需要做的事。

为人子女者，如何报答父母的养育之恩，无外乎经济支持、生活照料、关怀体贴、精神慰藉等形式。在国家社会保障、养老保障体系不断完善的环境下，或许父母并不一定需要子女给予多少物质上的供养，但无论是逢年过节，父母生病，还是平时有需要的时候，作为子女都会乐于且主动地给父母买东西。当走进商场或线上购物时，顾客的消费倾向自然而然指向鲜明。这里设想两个场景，来描述作为子女的顾客为父母买东西的需求及商家的针对性营销方式。

场景 1：

24 岁的小 A 大学毕业刚工作一年，青春靓丽又活泼可爱，通过辛勤工作，她领到了人生中的第一笔年终奖，虽说只有 1 万元钱，但她心满意足。想着马上要回老家，见到疼爱自己的父母，北京工作的小 A 想给他们买点儿礼物带回去。

因为她自己是个“吃货”，首先想到的便是给父母买吃的，于是走进了北京特产专卖店。当店员看到小 A 进来，看她漫无目的地挑着东西，一会儿看北京烤鸭，一会儿看稻香村的糕点，一会儿又看宫廷果脯，似乎拿不定注意。

这时，店员主动询问小 A，是不是想买礼物带回家给亲戚朋友，小 A 回答给父母买，那问题就明确了。店员根据小 A 父母的喜好，再进行合适的推荐。若是小 A 父母对食品并没有特别偏好，可以建议烤鸭、糕点、果脯都买一点儿，或来个组合套装；若是不爱吃油腻的烤鸭，不喜欢荤腥，那就以口味清淡的甜食、小吃为主。

在店员的指导下，小 A 根据自己的预算，提着一大包东西心满意足地离开了北京特产专卖店。

接着，小 A 准备给母亲买一件新衣服。打开手机上的某购物 App，仔细搜寻中老年冬季女套装款式、颜色，认真与网店客服沟通。该网店客服十分热情，几乎秒回秒答，根据小 A 提供的母亲身材数据，建议服装的尺码，还细心地了解小 A 母亲对颜色、样式的喜好，是偏爱红色还是蓝色，喜欢圆领还是立领，最终给小 A 做了推荐。当小 A 带着新衣服回家给母亲穿上时，不但合身、显瘦，还衬托出优雅大方的气质，让母亲高兴得合不拢嘴。

由此，小 A 对商家留下了一个好印象，成了回头客。

场景 2：

B 先生年近四十，家中二老也已到了古稀之年，身体不是太好，时不时会出现一些或大或小的状况，这让作为家中长子的他，在消费时较多考虑保健产品。

根据父亲睡眠质量不太好、母亲肠道不太通畅的老毛病，早期 B 先生在逛商场时，总是在保健品专区徘徊。本着送父母就送健康的原则，他耳熟能详的自然是那两句“今年过节不收礼，收礼只收脑白金”“脑白金，年轻态，健康品”的洗脑广告词，也看到脑白金在市面上的热销，想也没想就给父母每人买了一盒。

但买了一次后，父母反映产品并未达到最理想效果，B 先生决定换产品。再到商场里，店员先对他的需求做了一番了解，针对 B 先生父母的体弱特征，推荐了有助于提高睡眠质量的头部按摩椅、安眠枕和专门用于健胃消食的纯天然营养保健品。如果所营销的产品对 B 先生父母身体状况的改善能够起到一定作用，B 先生自然会继续选择该产品。

B 先生的父母都有养老金，但为了尽一份孝心，给父母更多一点儿保障，B 先生选择再给他们都买一份适合老年人的保险。由于 B 先生父母年老体弱，买保险不是一件易事。保险公司的经纪人在营销时应注意，不要为 B 先生推荐不实用的保险产品，让其花了钱却又在真正需要时难以获赔。为父母买保险，是子女的心意体现。如果保险经纪人能设身处地为 B 先生考虑，为他推荐真正适合其父母的产品，无疑是对 B 先生的帮助。

为人子女者，在消费心理上是用给父母买东西这种行为来表达对父母的爱。从根本上讲，这类顾客并不是单纯地买商品或服务，而是为了表达孝心。综合起来，商家在进行营销时，应当主要从三点考量顾客的购物需求：

（1）有价值

其实，只要是子女买的东西，父母都会打心眼里喜欢，感到开心，并不会太挑剔他们买了什么，并不像父母给子女买东西后，子女可能会不满意。所以在挑选礼物时，尽量选择对父母比较有价值、实用或父母必需的东西，让他们感到温暖。

（2）保健类

父母上了年纪之后，新陈代谢变得更加缓慢，衰老速度加快，身体素质会大不如前，健康和保养显得越发重要，这也催生了红红火火的保健品市场。给父母买东西时，也要充分考虑到产品的保健功用，这并不是说需要保健品多么名贵，而是得有针对性，根据父母的真实情况来抉择，缺啥补啥，哪方面虚弱就对症下药地想办法。

（3）实际需求

买东西时，多揣摩一下父母到底需要什么也很重要。虽然父母并不一定会主动告诉子女他们想要什么，但可以通过他们的言行来细心地发掘，留心观察，如果买的东西能够切中他们的需求点，那父母一定会很欣慰。

为人父母的顾客心理

当一个人开始养育孩子，为人父母的时候，他（她）的社会角色又会多一个“父亲”或“母亲”的角色，在购物时，也会产生相应的消费动机，开始消费行为，而这也会受到环境认知的影响。顾客的认知心理，会影响其实际消费行为。在营销中，形成正确的对顾客消费心态的认知，掌握用户内心所想相当重要。作为营销人员，也要了解为人父母这一社会角色的顾客认知心理，并做出相应的营销决策。

最近几年有一项调查表明：子女给父母带来的快乐是超过痛苦的。通常来说，在日常生活中，当一个人有了孩子，个人生活的重心会不可避免地从个人生活转向家庭生活。消费方面，父母既会为个人的衣食住行需求考虑，同时也会为整个家庭的生活水准和消费需要考虑，尤其是孩子。

认识为人父母的顾客心理，首先要从小孩所处的年龄阶段来进行大致分类：

（1）婴幼儿时期

从小孩出生到6周岁以前，一般被看作是孩子的婴幼儿阶段。在这一阶段，作为父母的顾客，主要进行的是婴幼儿奶粉、童装、牛奶、食品、玩具、医疗消费等，买东西第一考虑的是安全，一切从孩子的营养健康出发。

举个例子：2008年，发生了社会传播极广、公众讨论度非常高的“三聚氰胺奶粉事件”。很多父母在为宝宝买奶粉时购买了三鹿集团生产的奶粉产品，而很多婴儿在食用之后被发现患有肾结石，随后这些奶粉中均被检测出含有化工原料三聚氰胺。

从顾客的心理来说，无论经济实力如何，选奶粉都会将食用安全性放在首要位置。

（2）儿童时期

在7～14周岁的儿童时期，父母为子女的消费支出，大致分为教育、文具、服装、食品、玩具、旅游、娱乐等方面，具体与家庭经济状况、子女需求、父母对子女消费的考量有关。

购物时，父母既要考虑到对子女的直接效用，也要考虑该商品对自己的间接心理效用，即买了这个东西，是否会对孩子有用，这钱花得值不值得。当然，也有父母在买东西时，纯粹是迎合孩子的意愿，图个让孩子高兴，孩子让买什么就买什么。家庭经济条件好的父母，为孩子买东西的档次普遍要高一些，而经济条件差一点儿的父母，会更多考虑买东西的预算，顾客的不同消费层次透露出不同的消费心理和消费行为。

例如：老王的孩子开始上初中。在子女教育问题上，老王一直是不吝千金地倾力付出，不仅为13岁的女儿报名参加周末和假期课外辅导班，还有钢琴、舞蹈、绘画等才艺训练班，因此教育消费成了他家支出的大头。而老张的儿子还在上小学，性格比较活泼好动，父母给孩子经常买各式各样的玩具，服装方面也偏好买名牌，因此，儿童服装、玩具的消费是老张家支出的主要内容。

（3）青年时期

根据国家统计局的划分，15 ~ 34 周岁为一个人的青年时期，13 ~ 19 周岁是少年时期，青年与少年时期重合的阶段为青少年时期。

一个人在青年时期需要经历初中、高中、大学，甚至研究生、博士的学业阶段，以及走出校门，进入社会工作。在子女的青年时期，作为父母的消费支出，主要有教育、服装、食品、娱乐、旅游、文化等多方面，其中以教育消费为重头。在子女工作后，父母考虑的主要是给子女买房、买车或者结婚的花费，这些支出也普遍不菲。

例如：

李阿姨的儿子已经上高中，除了以课外辅导班为大头的教育支出外，她还为爱看书的孩子购买了很多课外书籍，并安排节假日出游，或周末一起去看电影。

周婶的女儿小婷 20 岁，已经上大二，肤白貌美气质佳，因为小婷特别爱漂亮、爱打扮，除了每个月的生活费外，父母总会给小婷一些额外买衣服、化妆品的钱。

赵叔叔的儿子研究生毕业刚刚参加工作，趁着家里有些积蓄，赵叔叔一家就商量着凑首付款，在孩子工作的城市为其买了一套住房和一辆小汽车，方便儿子上下班。

根据调查显示，消费者每天都会接触到很多的广告或品牌信息，但他们不可能注意到所有的信息，而是会有条件地筛选和过滤，也就是选择性注意。已为人父母的顾客会更有可能注意到那些与他们当前需求有关的信息、他们所期待的信息，以及那些差别大的信息。

所以，营销人员就需要对消费者进行跟踪，分析其即时需求和未来需求，并通过多种渠道将信息传递给顾客，引起顾客的注意，从而诱发消费行为。当然这会受到产品差异化定位、宣传文案、促销策略以及推广渠道等营销要素的影响。

把握住为人父母型顾客的消费需求和真实心理，才能更好地进行针对性营销，让顾客乐于消费，形成对产品的偏好。比如儿童玩具的造型、质量，少儿服装的品牌与款式，不同的消费者会有不同的选择倾向性，需要在营销时进行品牌形象塑造，体现产品的优点，得到顾客的认可。

为人父母者，在为子女买东西的时候，会有各种各样的实际考虑，从而会衍生出各种不同的需求。这类消费行为，既包含对子女的养育，也包含对子女的爱，正确迎合父母型顾客的消费心理，让他们买到合适的、符合期望的东西，是营销的核心所在。

社会角色化的顾客心理

在社会系统中，每个人都有一套与一定社会位置相关联的、符合社会要求的个人行为模式，即个体在社会群体中被赋予的身份以及该身份应发挥的功能。这就是说，我们都有属于自己的社会角色，一个人的角色也反映了他的社会地位和相应的权利、义务及责任。

从社会化大生产的商品交易角度来讲，顾客便是其中一种重要的消费型角色。顾客的社会角色化产生于消费过程中，主要种类有倡导者、决策者、影响者、购买者、使用者等。

界定顾客的社会角色，是有效制定营销策略的基础，商品研发者、生产者、销售者都应具体地、有针对性地为不同的社会角色化顾客制定合适的产品与服务销售方案，如果将顾客的社会角色混为一谈是难以适应现代社会的商品营销活动的。

一般而言，顾客的社会角色可以分为以下五种：

（1）倡导者

这类顾客本身有消费的意愿或需求，或者认为其他人有消费的必要，或者认为其他人进行了某种消费行为后可以满足其期望效用，便倡导别人进行这一形式的产品或服务消费，可称之为

"倡导者"。

（2）决策者

顾客社会角色中的决策者，通常都是有权单独或可以与其他人共同进行决策的消费者，具有消费与否、如何消费、消费多少等决定权。

（3）影响者

在消费过程中，总有那么一类人会对顾客的消费行为产生导向作用，这些人既可以是家庭成员、朋友、邻居、同事、售货员，也可以是广告模特、代言的明星名人等，甚至还可以是素昧平生、萍水相逢的陌生人，不一而足，都可能影响到顾客的消费决策。

（4）购买者

所谓购买者，顾名思义，即最终做出消费决定，直接购买商品或服务的顾客。

（5）使用者

最终使用、消费产品或服务，得到商品使用价值的人就是使用者，也被称为"最终消费者""终端消费者"或"消费体验者"，处于消费价值链的终端。

基于顾客的社会角色化，商家在制订营销计划时，应该真正思考每种社会角色所对应的阶段性营销目标，因为顾客所渴望的事情和需求会在其消费过程中付诸实践。

顾客会非常客观地根据产品定义和说明，从切身经验、所处立场出发，表达他所获得的产品或服务的满足度。那么，在创作营销广告文案的时候，就要充分利用顾客的这种鉴定证明。可以将产品定位为顾客要实现某种社会角色所必须借助的工具，或让产品变成已经让顾客实现的某种社会角色，或展现出产品实现某种社会角色的成功案例。比如佩戴卡地亚手表、开劳斯莱斯幻影轿车是成功人士的象征，那么卡地亚手表、劳斯莱斯幻影轿车的营销广告就可以突出这方面的形象表达和展示。

产品提供给顾客的社会角色定位体现在非功能性、超功能性方面，这也属于产品的一部分，是非物理部分，可以独立成为销售范畴的方面。

拿食物来讲，随着人们收入水平的不断提高，老百姓购买食品的目的已经远远超出了解决温饱的需求。口腹之欲的基本目的得到满足后，人们对食品的购买选择越来越多元化，有机的、健康的、进口的食品琳琅满目，大家希望品尝到更加丰富的种类，见识世界各地的饮食文化。

顾客的需求多样性越来越普遍，促使营销者绞尽脑汁、花样翻新地吸引顾客的目光，累积顾客的渴望，并创建购买的通道。一旦顾客成为带有渴望的社会角色，商家在营销上便要尽量让产品或服务能够满足顾客的渴望。

社会角色本身有两种含义：一是定义个性，二是体现成就。

“迷人的”“闪耀的”“自强的”等产品赋予的拟人化性能属于顾客。营销者应挑出产品最具有价值和特性的东西，将顾客的关注点转移过来，获得顾客的认可和重视。产品可以通过三个非常明显的途径来服务于顾客，让其获得超越期望的满足感。第一，要有利于顾客了解和掌握产品能够给予他的个性角色。例如一本好书，可以让读者受益良多，掌握有用的知识。第二，产品性能的简单化，可以帮助顾客提升掌握的速度。比如一本快速阅读教程，以简便、高效的形式，可起到立竿见影的效果。第三，最重要的一点，产品也需要根据顾客能够掌握的特性来进行服务，比如屋子里的书架和丰富的书籍能够得到来访朋友们的称赞。上述内容都体现出产品的超功能性，能够为顾客购买产品增添额外的机动元素。

成就角色，是指产品被社会和使用过它的人们所赋予的带有地位性评判的角色，如等级、阶层、职业、岗位。

置身复杂的文化社会中，我们可以找到成百上千的名词和形容词来形容产品蕴含的社会角色。对于男人来说，可以形容为“能力出众的”“风度翩翩的”“事业有成的”“年薪百万的”“杰出的”，或贴上“董事长”“CEO”“成功人士”等标签。对于女性来说，则可以用“才貌双全”“职业女性”“好妈妈”“时尚精致主义”等形容其成就角色。

把上述成就角色展示出来非常重要，因为没有什么成就因素是显而易见的。相反，它们是无形的、不可见的，需要人为地将产品的特性内涵与社会角色捆绑起来，一旦发挥作用，将拥有对我们的生活产生巨大影响的潜力。这种潜力先由对身体的满足来展现其性能，然后让其他所有人见识到这种社会角色演绎的成功。

将社会角色与产品的性能捆绑起来进行恰当的营销，能够比较容易地为顾客所接受，这样不仅能满足不同社会角色的顾客需求，也能够赋予产品拥有者一种特殊的社会地位。

通过顾客的社会角色化心理解读，将销售给顾客的产品赋予一种社会角色，可以促使顾客从隐藏的力量中获益，也让产品得到更好的推广。

环境化的顾客心理

我们先来看一个关于美国人、欧洲人和中国人如何买车的案例。

美国人去汽车销售中心买车时，往往会像吃顿麦当劳或肯德基一样，看好了中意的车型，直接就付款取车钥匙，然后开车走人。这样的消费心理，单刀直入，简洁明了，毫不拖泥带水。

欧洲人则不同，他们会像从中世纪经典油画里走出来的贵族一般，先向品牌中心订购汽车，把需求的款式、型号说得清清楚楚，然后等着商家直接送货上门。买车端着一股范儿，看上去高贵、优雅、讲究。

而中国人买车就如同读 MBA 或照全家福，喜欢凑热闹，先要通过网上、汽车杂志、朋友那儿等各种渠道了解信息做好准备工作，然后全家都去看车，挑挑选选，拍数张照，要多份宣传介绍资料，再带回家反复研究。犹豫来比较去，好不容易拍板决定买哪款车，但是还要跟汽车经销商反复砍价，直到最终买下为止，整个过程曲折又繁复。

这就是说，身处不同的社会环境，将会造就差异迥然的顾客消费心理。

从经济学的角度来讲，社会经济发展水平和社会生产关系是决定社会经济环境的根本，并进一步对消费心理起导向作用。

而从文化的角度来讲，社会文化环境也会对顾客消费心理产生巨大影响。这里的文化，既有广义上的，也有狭义上的。广义的文化是指人类社会发展过程中创造出来的物质财富和精神财富的总和，伦理道德、价值观、宗教信仰、生活习俗、艺术风尚等都包含在内。狭义上的文化，则是指整个社会的意识形态及相应的制度与组织架构，具有民族性、习得性、共享性、稳定性与发展性等特点。同时，民族文化的再现、民俗、民风也都是文化消费心理的表现。

“总统用的是派克”，这是美国的派克钢笔曾经在罗斯福总统签字的照片旁边写上的广告宣传语，通过“伟人效应”来吸引顾客进行消费。

作为社会文化的细分和组成部分，民族、地域、职业、性别、年龄等亚文化元素，对顾客的消费心理和行为影响更直接。比如地域方面，北京、上海、广州三座城市之间就存在很大的消费文化差异。北京人体现出较高的政治热情，具有社会责任感，对传统文化尊重和认可；上海人自我意识明显，包容性强，既推崇西方文明，也接受传统文化；广州人则比较务实，商品意识浓厚。

因为地域的差异性，北京人在消费时更偏爱国产商品，上海人倾向于进口商品，广州人因为地理上离港澳台地区较近，会更多选择港台的产品。那么，在产品的营销方式上，如果是新品牌上市，可以首选广州进行宣传推广，既可以采取特许经营的手法，也可以以举办公益活动的形式激发顾客的购买热情，而产品卖场在设计上要注意因地制宜，进行消费情景的营造。

再来看商场类型的不同对顾客消费心理产生的影响。

场景 1：

30 岁出头的唐小姐是典型的都市白领，闲暇时喜欢去家附近的大型购物中心消费，那里有大型的百货商场，还有各种各样配套的饮食娱乐场所。

对唐小姐来说，喜欢的是在购物中心消费的感觉，里面不仅有富丽堂皇的装饰、宽敞的营业场所、气派豪华的环境布置、方便上下的电梯、舒适的购物环境，而且经营的品种繁多，商品管理规范，营业员训练有素，而且很有礼貌……一旦购物中心满足了她的心理预期，她就很容易成为那里的常客，享受消费带来的快乐。

不过也有可能产生一些不愉快的购物体验，比如因为与营业员近距离接触，有时可能心理上会有拘束感或紧张感；或者因为等待的时间长、挑选频繁及营业员态度等问题而发生争吵，影响顾客的心理预期。

场景 2：

杨大妈已经退休，平日里买东西喜欢坐公交车去离家几公里远的超级市场。在杨大妈看来，购物方便、价格低廉、环境舒适都是符合她购物需要的有利条件，这让她感到心情舒畅，她也觉得比较节约时间。但另一方面，因为超级市场里面的商品大多是大路货，即便是高档商品也难以卖上好价钱，同时服务一般都不怎么周到，难免让她感觉没有受到充分的尊重。

城镇居民普遍有在连锁商店买东西的经历或习惯，连锁商店模式也有其适应社会化大生产消费时代的优势。首先，连锁商店既可实现规模经营，又能够适应分散型购物，比较贴近顾客对购物要求的便利性；其次，统一的店貌、标准化商品和服务可以为顾客提供受到认可的品牌，方便顾客的同时让顾客可以放心消费；再次，美国的沃尔玛、德国的麦德龙等多种业态模式能够满足顾客的不同消费需求。然而，由于不同业态模式的连锁店存在较大的差异，容易给顾客造成认知上的障碍。

另外，日常生活中我们也会看到各种各样专业化的商店，如药店、化妆品店、家居用品店、生活馆等。专业化商店往往是以“专”取胜，旨在满足有特定购物品种意向的顾客，或者对品牌、款式有着严格要求的顾客。它有专卖店和经营特定类型商品等形式，海尔电器专卖店、药妆店等均属于此类。

要从打造购物环境上契合顾客的消费心理，需要将商场外部设计与消费心理相结合。商场外部设计方面，选址、购物环境的聚集性和选择性、橱窗广告的设计、商场招牌的设计、商店店门的设计等，都是可以给顾客带来购物感知的外在体现。

从市场营销的角度出发，商店选址要权衡消费者需求与商业利益的布局。商业活动的频度、区域的人口密度、方便顾客的原则、目标市场、竞争环境、创造良好的经营环境，是商店选址的要点。星巴克咖啡在中国的拓展之路，就是充分利用环境化顾客心理的成功案例。

人性化顾客的心理解读

有句话说得好："顾客服务的最高境界是人性化。"如何从人性化的角度对顾客心理进行解读，并完成成功的营销，是商品化社会的一个大课题。

乔治投资 American Century 家族基金的发展历史已有 15 年，在基金表现并没有什么问题的情况下，乔治却考虑要将基金卖出去，理由仅仅是他想得到更为人性化的服务。考虑再三，他发现当地的富达券商事务所好像可以满足自己的要求，于是计划将 American Century 基金卖出，并将资产转入富达旗下。

在 57 岁的乔治看来，他欣赏那种与当地代理人打交道的理念，希望自己的投资策略变化能够得到更多的解释和帮助，因此喜欢定期去会见某个人的感觉。像乔治这类人，就是基金公司定义的所谓"人性化"顾客，更希望得到细致周全、贴心温暖的个人服务。

如今，已经有越来越多的投资者在接洽证券公司或基金公司的营销人员时，会首先关心自身能够获得的"服务"状况，注重服务会给他带来的心理感觉，由此将服务标准当成选择一个证券公司或基金公司的重要条件。

当今世界，经济全球化趋势加强，互联网和大数据发展迅速，几乎所有的事情都可以在线上完成，金融企业也清楚地知道通过电子化手段为广大投资者提供更便捷、高效、低成本的服务是大势所趋。在此形势之下，金融业作为一个特殊的服务行业，从正确解读人性化顾客的心理出发，通过多种模式并驾齐驱来最终体现服务业的核心价值显得很有必要。

什么是人性化服务？这里用台湾的“经营之神”王永庆卖米来举例说明。一般人卖大米纯粹是图赚差价，但王永庆却做了几件在别人看来很离奇，却又与挣钱无关的事情。

第一，在稻谷加工非常粗糙的时代环境下，王永庆先和弟弟一起动手，把大米里夹杂着的米糠、沙砾、石子、老鼠屎等统统清除干净，这样使得他店里的大米比其他店家的要更干净、精细，品质高出一个档次。

第二，那时尚无送货服务，卖米的利润非常微薄，往往卖出去一斗米只能赚到一台币，但王永庆一直坚持为顾客提供免费送货服务，无论天气如何，无论路程远近，只要顾客叫他送货，他一定义无反顾地送到。

第三，将大米送到顾客家之后，他都会帮主人将大米倒进米缸里，为顾客减少麻烦，省却顾客的精力。

第四，在倒米时，他总是将米缸内原本剩下的旧米先倒出来，擦干净米缸后再倒进新米，最后再把旧米放在米缸的最上层，这样使得旧米不至于因为陈放过久而腐坏变质。

第五，他备有一个专门的小本子，每次给顾客送大米时，他会默默地记下顾客家里的人数，有几个大人、几个老人、几个小孩，以此来估计一家的日消耗米量并详细记录在小本子上，这样，在顾客家里的米即将吃完的前几天，他就提前到顾客家去提醒主人要不要送米，不等顾客上门买米，他就已经把米送到顾客家里了。

第六，每次送米时，他并不急于马上就收取顾客的钱，而是将所有顾客按发薪时间进行分类，并全部记录在一个册子上，等到顾客发了薪水，他再去一一登门收取卖米的钱。之所以这么做，是因为当时经济落后，大多数家庭都是靠给人做工来谋生，收入低，缺少闲钱，如果马上就收米款，碰上顾客手头紧的情况，会让双方都比较尴尬。

通过以上几个细节，王永庆将卖米的服务做得尽善尽美，也将“人性化”三个字演绎得淋漓尽致，卖米事业能取得巨大成功也就不难理解了。顾客面对这样的服务，也自然满意和放心，乐于长期享受这样的服务，甚至可能会忘记原来生活中还有买米这回事，从而对卖米的人产生深度依赖感。

要从为顾客提供人性化服务的角度来进行营销，就要在提供服务之前首先考虑到我们提供服务的对象是人，这样，商家就应该细心地替顾客考虑，让顾客在使用产品或服务的过程中感到舒适，并能够觉得受到足够的尊重。这里所讲的顾客，也包括行动不方便的老、弱、病、残、孕，如果能够让他们在使用产品或服务时都不会感到尊严被轻视，不自惭形秽，而是很方便、顺利、坦然，那可谓是最为人性化的服务了。

人性化服务，就是要充分考虑到人性的许多弱点。比如人都有惰性，怕麻烦，那么商家的服务应当尽可能让顾客通过一次消费就解决问题，不必浪费时间和精力，少动些脑筋，由商家一条龙服务好。又比如说，人人都有爱面子的心理，那么为顾客提供的服务就不要让顾客有感到窘迫和出糗的可能，不然伤了顾客的面子，也就不会再有下次消费了。

同时，人性化服务要考虑到顾客个体的差异性。现实生活中，人的个性可谓复杂多样，最基本的人格特质有着很大的不同：有的人外向活泼，有的人内向沉静；有的人比较理智，有的人感性多一些；有的人循规蹈矩，有的人喜欢求新求变；有的人凡事爱推理讲逻辑，而有的人喜欢依靠直觉。商家并不能像机器那样千篇一律，所以为顾客所提供的服务也不能数十年如一日地僵化，即便像麦当劳、肯德基这样的标准化生产速食店，也都在且必须绞尽脑汁地提供人性化的服务，就是这么个理儿。

每个人都会有自我防卫的心理。人性化服务顾客的思路，就是要尊重顾客的这种自我防卫心理，尊重个人隐私权的保护。西方文化背景下，看心理医生是个很正常不过的举动，但在东方文化的环境下，大多数人却戴着有色眼镜来看待这件事，结果导致很多本来只是有轻度抑郁或者心理问题不太严重的人，因为怕人误解、怕人指指点点而不敢去看心理医生，最终没得到疏解，等到心理问题很严重的时候再去寻求帮助，却为时已晚。

以人为本，给顾客以人文关怀，通过规范的服务用语、专业化的产品知识分辨顾客性格的能力，学会换位思考，保持微笑服务，都是一种营销理念的价值追求，也才能够真正将人性化服务做到位、做到家。

第二章

大数据环境下的顾客心理

以前的生意全靠商家一张嘴，现在是买方市场，加上大数据环境，几乎所有商品的价格已经变得透明。在这种环境下，商家失去了一张王牌，应该怎样从其他方向突破顾客心理？

解密“问价狂人”

陈大美是位家庭主妇，已有两个小孩，平日里除了在家带孩子，就是逛商场、菜市场和网购。她有个特点，就是在买东西时，无论对产品有没有足够的了解，就爱问“这个多少钱”“能不能便宜点儿”，并将之当成口头禅。由于“多少钱”经常被陈大美脱口而出，以至于熟识她的商场营业员都口口相传，说大美是一位“问价狂人”。

其实，像陈大美这样的顾客在生活中并不在少数。本质上讲，商品价格是决定顾客购买行为的非常重要的因素，也是顾客购买心理中最为敏感的部分。顾客在购物活动中所有的心理活动都与商品价格有着直接或间接的关系。因此，摸透顾客的问价心理，制定出有效的价格策略，是产品或服务在营销中立于不败之地的关键所在。

随着社会经济的不断发展，顾客的消费需求层次更加趋向于多样性和个性化。顾客对商品和服务的购买，也会因性别、年龄、文化程度、收入、个性特征等的不同而对商品价值有不同的评定，同时有着不同的心理期望。

（1）习惯性心理

顾客评价一件产品或一项服务的价格是否合理，通常会根据以往的购买经验而形成固有印象，也就是顾客对商品的习惯性心理。比如阿丽经常花 188 元买一支某品牌的口红，觉得用着不错。这就是她的习惯性价格，也是她容易接受的，将之看作是正确的、合理的价格。在以后买口红的时候，她就会把 188 元当作心理价位，用来衡量其他品牌口红的价格高低或质量好坏。

这样的价格习惯一经形成，通常会维持相当长一段时间，并以此来支配顾客的消费行为。如果阿丽经常买的那种口红突然提价了，从 188 元变成 208 元，她会感到难以接受，迫使她经历一个比较困难的，逐渐去适应和习惯的过程。如果她的价格习惯被打破，转而选择别的价格能让她接受的口红，那么该款口红的提价无疑会丧失掉阿丽这样的顾客。

（2）感受性心理

对商品价格及其变动程度所形成的一种价格感知程度，被看作是感受性心理，顾客从而根据产品或服务价格高低产生不同的判断。

同一个购物环境中，大王和小李对同样标价 99 元的不同组合商品会有不同的感受。店铺里，商品摆放位置不同、店员服务方式亲和与否，整个营业场所的氛围与其他店铺的差异，都会让顾客做出不同的心理判断。另外，顾客本身所固有的背景，如个人收入、社会阅历、阶层、心理期望等，都会影响他对价格的感受。每当询问价格时，顾客会自动根据自己的标准来衡量价格的高低，能接受还是不能接受。

（3）倾向性心理

顾客在购买商品时，往往会对价格进行多方比较，也就是我们常常说的“货比三家”，然后再选择购买某一个商家或品牌提供的商品。不同的顾客群体，对商品价格的选择倾向性是不同的。

面子心理。人们普遍有好面子的情结。作为营销人员，可以充分利用顾客的好面子心理，通过恰到好处的称赞、夸奖等，让顾客觉得很有面子，能够使产品获得更高的溢价，从而顺利完成销售。

从众心理。个体在开展消费行为时，很多情况下会受到来自群体的引导和压力，不自觉地表现出较强的从众倾向，也由此产生了很多所谓的爆款或网红产品，如排成长龙的炸鸡店让人趋之若鹜，人气旺的商场会吸引越来越多购物的顾客。在选择品牌时，人们也会更倾向于市场占有率高的品牌，而非价格低廉的品牌。从众心理使得顾客认为，大家都认可的、喜欢的商品，一定是好的商品。

占便宜心理。买东西时，顾客询问价格是天经地义的事情，对要买的商品通常会有个心理价位。消费时，总想着能够占便宜，而且还希望独占，如同经济学中所述的“消费者剩余”越多越好。顾客的占便宜心理并不一定是想买到特别便宜的商品，而是想买到心理上觉得是占了便宜的商品。商家通过买一赠一之类的促销活动取得比降价更好的效果，正是利用了顾客占便宜的心理，提高了商品成交率。

炫耀心理。通常，买某件东西可以作为一种炫耀资本的顾客，更看重的是商品带来的心理舒适感而非实用价值。很多高端奢侈品牌，如 LV 的包包、CHANEL 的香水、卡地亚的腕表、兰博基尼的跑车等，都能够让拥有者产生炫耀心理。终端销售过程中，不少国外时尚奢侈品牌纷纷抢占中国市场，众多顾客也通过购买知名品牌商品来炫耀其身份和地位，获得心理满足感。

攀比心理。基于自身所处的阶层、身份、地位等，顾客会选择自己所在的阶层人群作为参照，在购物时产生一种攀比心理。相比炫耀心理，攀比心理更在乎的是“有”。很多商品，在购买之前，顾客脑海中想得最多的会是“这件东西小姨子、大舅子、隔壁老王、同事小黄都有了，那我也得有，没有就是落伍”。营销人员可以有意强调顾客参照群体的消费情况，来刺激顾客的购买欲望，实现销售目的。

商家在实际营销活动中，应当根据顾客的心理变化趋势来制定不同的销售价格策略。由于顾客对商品的价格心理成因及需求都非常复杂，营销人员在遇到“问价狂人”时要做到有的放矢，摸清楚顾客问价的目的是什么，是想买到便宜货、看价格合不合理还是其他什么，从而采取切实可行的策略，促进商品的顺利营销。

“胸有成竹”心理剖析

顾客是什么？有人称“顾客是上帝”，有人说“顾客是老板”，也有人说“顾客是销售人员的衣食父母”。毫无疑问，商家一切收入与业绩都来源于顾客。顾客需要购买到最合适的商品，同时这一群体也都是有个性的人，有各自不同的产品或服务需求。

一般来讲，从心理层面上，进入商店的顾客大致可以分为三种形态：

（1）纯粹闲逛型

有的顾客跨进商场的大门，只是东看看西逛逛，并没有对什么商品表现出特别的兴趣，也没有明确的目的，纯属走马观花地闲逛，大多是来消磨时光的。

W女士就是这种类型，因为工作单位就在市中心，中午有两个小时休息时间，吃完午饭还有闲暇，离各个购物场所又相当近，便经常与同事饭后像“散步”一般，从这个商场穿梭到另一个商场，从这家店看到那家店，服装、鞋帽、化妆品，等等，基本只看不买。

（2）一见钟情型

这类顾客在进店的最初，可能仅仅只是想闲逛，并没有什么明确的购买意图，只是想在轻松自由的氛围中随意浏览一下商品。如果遇到了自己很喜欢或心仪已久的商品，他就会发生兴趣，很自然地掏腰包购买它。面对这类顾客，销售人员只需选择恰当时机接近并介绍就行，很容易成交。

（3）胸有成竹型

在销售过程中，营销人员在向顾客介绍店里的产品时，有的顾客会表现出比较浓厚的兴趣，让营销人员感觉成交的可能性很大，但经过一番兴致勃勃的推介后，顾客却拒绝购买，这可能就是碰上了胸有成竹型的顾客，没成交的原因是营销人员没有合理把握接待技巧。

与纯粹闲逛型和一见钟情型的顾客不同，胸有成竹型的顾客来店里的目标很明确，就是要实现既定的购买目的。这种顾客通常在出门前就已经列好了购物清单，并通过互联网、报纸、电视广告、朋友介绍或其他渠道了解了产品的价格、质量、型号等全部信息，将采购的清单和预算制定得很详细。因此，当进入商店后，顾客会表现得气定神闲，直接走近目标货架，找准位置取要买的东西，而不太可能有冲动购买其他东西的行为。

这类顾客的心理主要是“求速”，不需要太多的游说之词和建议宣传，如果极力推介会令顾客反感而放弃购买。

当然，面对顾客时，如果有必要，可以尽量将容易引起纠纷的细节，如保质期、保修日期、保修范围等事先讲解清楚，顾客知情后就会免于购买后觉得不合适进行投诉。

胸有成竹型的顾客是最受欢迎的，也是商家业绩和收入贡献的主力。如何增加这种类型的顾客数量，即顾客黏性或回头客，是商店经营的主要目的。

胸有成竹型顾客通常是比较老练的，对商品有着长期的消费经验，自然对其性能和性价比也了如指掌。此类顾客在购买过程中会展现出十足的信心，宣传广告再有诱惑力，营销人员再口若悬河都难以打动他。他们对商品的市场前景也能够做出较为准确的预测，更感兴趣的是商品的质量，购买的时候一步到位，毫不拖泥带水。

有些“熟练型”的顾客，在购买时也会根据自己的判断征求售货员的意见。这类顾客有着比较明确的购买动机，为满足自身某方面的特定需要而决定要购买某种类型的商品。

求实型的购买动机。有的顾客追求的是产品的“实用”和“实惠”，注重其功能和实用性，对于外观、样式甚至品牌，相对不太在意。如顾客走进手机店买手机，声明只要价位在1500 ~ 2000元之间的产品，好用就行，不论手机品牌是华为、三星、小米还是OPPO、VIVO。

求新型的购买动机。有的顾客喜欢赶潮流，喜欢标新立异，买什么东西都爱买最新款的，追求产品的时髦和新颖、奇特。比如某顾客走到厨具专柜，询问营业员：“这款会闪光的电磁炉是你们的最新款吧？”这位顾客大抵就属于这一类。如果营业员回答“是”，多半顾客就将之买下来了。

求名型的购买动机。有的顾客买东西只爱买品牌，很少会考虑产品的价格，喜欢通过名牌、品牌产品的购买来彰显自己的身份和地位，以获得他人的尊重，谋求心理满足感。如赵女士面对营销人员直接说：“给我看看你们店里最新进的国外品牌，我家的电器全部都用进口货，国产家电向来是不用的。”

求廉型的顾客。有的顾客买东西精打细算，相当看重产品的价格，希望价格越便宜越好，能够买到同类商品中最便宜的那种，是他们的购买要求。

求便型的顾客。有的顾客时间观念比较强，追求购买过程中的快捷、省时，或者产品使用时的方便。如果买件东西很麻烦、排队时间长或者产品用起来不方便，就不合他们的胃口，他们会直接放弃购买转身走人。

求安型的顾客。有的顾客在购买商品时最为注重商品的安全性——商品是不是健康的、卫生的、无不良反应的、坚固的、牢靠的，使用该商品后不要给他们带来任何危害。

动机和意图明确的胸有成竹型顾客是不希望营销人员占优势或强制他的，一旦他说明要买什么东西，那就无须影响他。营销人员只需注意聆听顾客的要求，适时提供帮助，让其怀着目的而来，带着满意离开，既简单又省事，应对起来轻松许多，不用麻烦地去费多少唇舌，购买行为就完成了，何乐而不为？

顾客的不屑夹杂着不合理

在商场购物时，有时候会遇到这样一种情况：营销人员在介绍某款产品的时候，无论讲得多么口沫横飞、多么精彩，顾客都不屑一顾，要么继续与同伴交谈，要么只是漫不经心地看看，然后走开了。此种情况下，销售人员难免会感到尴尬，觉得顾客对该产品是没有需求的，也就轻易放弃了销售出产品的机会。

其实，当销售人员热心地为顾客推销产品时，顾客表现出不屑的态度是很常见的。很多导购员在顾客踏进商店时，就滔滔不绝、不吝溢美之词地对商品夸耀一通，太过于急切地想将之卖出去，不但不会吸引顾客购买，反而招来不屑，效果适得其反。

顾客表现出来的不屑，并不一定是商品本身不好，而可能是价格过高，或者是销售人员言过其实、营销方式不当，没有捕捉到顾客本身的需求点，也就是说有很多顾客认为不合理的地方。

来看一则销售情景案例：

销售员小姜："美女来看看吧，这款商务多功能闹钟非常神奇，不但可以随意伸缩变大或者变小，而且可以在多个场所使用。无论是在家里，还是出差、旅行都能够随身携带，体积小、不占空间，使用非常方便。闹钟自带几十种铃声，您可以任意变换。它还能自动语音报时哩。”

听到小姜的吆喝声，顾客何小姐停下了脚步，看了看小姜手里晃动的闹钟。这时，小姜又开始说话了：“您看这款闹钟还有备忘录的功能哟，只要您提前设置好，它就会自动提醒您注意家人、朋友的生日，这样也就不必担心会忘记每一个有重要意义的日子了。”

何小姐拿过小姜手里的闹钟，看了仅仅不到 1 分钟，就撇撇嘴，很不屑地离开了。

这时，小姜不带任何情感地对何小姐说：“您慢走。”然后一边整理面前的闹钟，一边小声抱怨着：“这闹钟本来就不错呀，怎么就不买？”

任何一家商店，销售业绩都是衡量销售人员营销水准的重要指标。在业绩的压力下，有的销售人员在面对顾客时就会急于表现，甚至并不在乎顾客是否对产品感兴趣，自顾自地王婆卖瓜，拼命夸耀推介产品，不惜夸大产品的功能。这么做不仅不能促成交易，反而有损商店和产品形象，遭到顾客的反感和厌恶，失去顾客的信任。

顾客既然表示出不屑，那必定代表着某种不认可，觉得你所介绍的产品有不合理的地方，让他不愿意掏钱购买。真正的销售高手，总是能够调动顾客的情绪，吸引顾客的注意力，让其愿意倾听产品的宣传和介绍，尤其是能够延长沟通的时间，让顾客对商品有进一步的认识，意识到自己确实需要该产品，从而产生购买的欲望。

在介绍产品时，营销人员不要过于热情。即便顾客可能对产品有兴趣，但不恰当的接待方式也会将顾客吓跑，让人产生厌烦情绪，销售人员也就失去了销售成功的机会。

在当今的商品社会，不讲诚信的商家或多或少都会存在。有些营销人员为了提升业绩，不择手段地将一些质量有问题或者并不合适的商品一股脑儿地向顾客推销。当顾客购买之后发现上当受骗，前来投诉时，营销人员却不闻不问，甚至恶言相向，致使顾客蒙受金钱损失和情感伤害。凡此种种，会让一些顾客对推销产品的销售人员产生抵触和排斥情绪，形成一种戒备的心理。

当销售人员推销商品时，无论产品价格高低、质量好坏，经历过上述情况的顾客都会条件反射式地给予否定，露出不屑的表情。其中根源在于顾客对销售人员的不信任，对销售人员的介绍会心存疑虑。面对这样的情形，销售人员必须学会自我反省，戒除“我们的产品十全十美、无与伦比，其他同类产品都比不过”等夸夸其谈的介绍，注意语言的得体和适度，精练而合理，让顾客愿意倾听，消除其对销售人员的反感情绪。

针对案例中多功能闹钟的推介，销售员小姜可以朴实、实事求是地向何小姐进行介绍：“美女，请看一下这款多功能闹钟，不但可以在家里使用，而且小巧轻便，您可以随身携带它，出差、旅游时将它折叠起来放在床头即可，十分方便。闹钟提供了 32 种不同的铃音，您可以根据自己的喜好进行更换。同时，它还有语音播报的功能，每天早晨让您在甜美的声音中醒来。”

小姜微笑着展示手里的闹钟，而何小姐则停下了脚步，拿起闹钟看了看。这时，小姜又道：“这款闹钟还有备忘录的功能，只要您提前进行设置，它就会在日期到来前提醒您家人、朋友的生日，重要的会议或纪念日。”

何小姐看了一会儿，还是想离开。这时，小姜主动询问何小姐：“不知您对我们的产品有什么疑问，我都可以为您解答。”

“这款闹钟真有你说的那么好吗？”何小姐面无表情。

小姜自信地向何小姐说道：“我们这家店铺在这里已经开了超过 5 年，以信誉为本，讲诚信是我们销售产品的第一原则。闹钟的所有功能都是实打实的，您都可以一一地体验一下，折叠、铃音设置、备忘录设定……”

顾客在对产品表示出不屑时自然会有疑问，销售人员如果能够引导顾客说话，就是掌握了有效沟通的最佳时机。顾客一旦有疑问，销售人员就不要只想着介绍产品和价格，而要将具有激发式的信息传递过去。

销售人员在对产品进行表述时，不仅要展现产品的特点，更要将话题提升一个层次，说出产品为什么适合顾客，这才是有意义的话题，也就是激发信息。否则，当顾客提出抗拒的问题时，会表现出对解决方案的不屑。

合理、共情，才更能拉近产品与顾客的距离。销售人员不要把顾客的不屑不当回事，否则流失的顾客信任不容易找得回来。这是很需要引起重视的一点。

顾客的“声东击西”反应

在销售技巧中，有一个策略叫作声东击西。

声东击西策略，主要是指一方为达到某种目的或满足某种需要，隐藏真实想法，而虚张声势地将沟通的话题引导到其他无关紧要的问题上去，让对方产生错觉，来掩盖真正的企图。似可为而不为，似不可为而为之，本质目的就存在于虚虚实实、真真假假之间。

比如，“围魏”的真实目的是为了“救赵”，“项庄舞剑”实际“意在沛公”，“指桑”的真正用意是为了“骂槐”。这种情况下，需要给自己找一个看起来合适的理由来避开真实动机，因为一旦动机暴露，目标就难以实现了。只有在对方毫无准备的情况下，才容易实现目的，也就是要乘虚而入。

在销售过程中，销售人员有声东击西的营销策略，顾客也会有声东击西的反应，具体要在实际场景中加以辨别，分析出顾客真实的想法，并加以引导。

拿买衣服来说，顾客是多种多样的，其中只有少部分顾客对衣服的品牌、质量、产地、价格等有比较专业的知识，摸得清其中的门道。但大部分顾客到服装店里逛，是缺少购买目的的，缺乏有关的产品认知和对品牌的信任。

在买衣服时，顾客有时会通过声东击西的反应来表达某种拒绝，营销人员就得摸清真实情况，试探性地一步步打开顾客的心房，摸清顾客的意图，让顾客卸下伪装，帮助顾客解决问题，让顾客获得满意的商品。

现实场景：

女装店里，王小姐先试穿了一件杏黄色的裙子，站在镜子面前看效果，觉得裙子挺合身的，而且将肌肤衬得更白，腰线也收得很好，心里蛮欢喜的，但一看吊牌价格，心里顿时咯噔一下："这么贵！"王小姐顿时皱了皱眉，在心里将这件自己中意但价格超出了接受能力的裙子放弃了。

但负责接待她的导购员却觉得这件裙子非常适合王小姐，就对王小姐啧啧称赞："小姐，你穿上这条裙子真漂亮，既修身又有气质，简直绝配呢。怎么样，将它拿下了呗？"

王小姐却将裙子脱下来还给了导购员，淡淡地道："还可以，就是领口的设计我不太喜欢，我再看看别的吧。"

实际上，王小姐不是对领口设计不满意，而是觉得价格太贵了，就声东击西地给自己找放弃这件裙子的理由来转移视线。

如果导购员能够猜测出王小姐实际是对价格不满意，就可以适时地道："要不你看看这条裙子，设计得挺棒的，价格也实惠。"她拿出了一条粉红色的裙子递给王小姐。王小姐觉得款式还不错，就又试了试，一看价格还不到刚才那条杏黄裙子的一半，裙子穿上去感觉也可以，就决定将它买下了。

很多时候，有一定经验的顾客对导购的话都会有所提防，半信半疑。如果导购员直接让顾客购买某种牌子的产品，容易引起顾客的警觉，采取顾左右而言他的方式，声东击西地不按照导购的意愿来行事。

这类顾客对品牌认知的程度不深，不会轻易相信一个品牌，而是喜欢问为什么。如果没能找到解开心中疑惑的真正答案，顾客很难下手购买该产品。所以，了解顾客的真实想法是很重要的，不然被顾客用声东击西的方式给拒绝了，也就失去了销售的机会。

有这么一个小故事，一个信徒问牧师："我在祈祷的时候可以抽烟吗？"牧师当然会直接拒绝："不可以！"而另一个信徒则问牧师："我在抽烟的时候可以祈祷吗？"牧师却回答说："可以！"该小故事说明的便是提问技巧的重要性。

顾客不愿意购买某件商品时，会采用声东击西的策略拒绝，而销售人员在了解顾客真实想法的基础上，同样可以采取声东击西的方式来引导顾客。

比如，销售人员为顾客推荐某品牌的皮鞋时说："这款鞋样式新颖，时尚美观，价格也便宜，唯一的不足就是它不是真皮的。"话的结尾将前面对该款鞋的肯定来了一个转弯式的否定。顾客也自然有所判断，问道："那有真皮的款式吧？"这样就将顾客的注意力吸引到了想真正推荐的真皮款式的皮鞋上去。

然后，销售人员将一双非主推的真皮皮鞋递给顾客道："这款鞋是真正的牛皮做的，您可以摸一下质感，无论是质量还是做工都是没有问题的，但就是价格稍高一点儿。"一句话，让顾客感到这双鞋子是有档次的，尽管顾客并不愿意接受高价的鞋子，但也引起了一点儿注意，而这为销售人员推荐主推鞋埋下了伏笔。

销售人员将主推鞋拿到顾客面前，对他说：“刚才那些比较贵，不如看看这双鞋满不满意，也是真皮的，店里正在搞活动，打五折呢，挺划算的。”

趁势拿出主推鞋，是销售人员运用“声东击西”方法的真实目的，也是最关键的地方。前面对真皮皮鞋的引出，并推荐价格高、质量好、样式时尚的高档鞋，都是为亮出折扣真皮皮鞋做准备的。有比较就会有认识，一旦顾客觉得自己买到了好货又占到了便宜，自然会情不自禁动心，掏腰包购买也就是水到渠成的事。

声东击西方法的要点就是言左而顾右，顾客觉得这件商品贵了就会找款式不好看、颜色不喜欢等理由来掩饰，或者不喜欢款式但又不愿意说出来，就会嫌价格贵。销售人员需要敞开沟通，稀释顾客的戒备心理，让顾客自己说服自己，“这件商品值得购买”。

比如，声东击西的“转移法”，你跟我谈价格，我跟你谈价值。

有一天，许女士看中了一件外套。

“老板，这件风衣多少钱？”

“580 元。”

“280 元卖不卖？”

“风衣最重要的是您穿上合不合适，漂不漂亮，您说是吧？您先这边试一下，如果真的喜欢，我就以最优惠的价格卖给您，您看成不？”老板选了一件尺码适合许女士身材的风衣递给她。

当许女士走出试衣间，在试衣镜前一站，突觉眼前一亮，看来看去，感觉还挺喜欢的，便问老板：“280 元卖吗？”

“女士，您看这风衣的款式、版型、面料、品牌……难得穿在您身上这么有品位，咱就交个朋友，按 500 元整卖给您吧。”

“我有熟人，谢谢”

小月是一家化妆品专柜的导购，某次遇到一位女顾客，女顾客从口红、粉底液、睫毛膏到隔离霜等，都一一地看了个遍。当小月走上前，准备细致地为女顾客讲解店中产品时，没想到女顾客只是微笑了一下，道：“我有熟人，谢谢。”

那么，顾客说这样的话，究竟隐含着什么意思呢？

其实顾客与商家，就像恋人之间的相处一样，总会闹点儿小脾气，分分合合的。顾客想受到关注，想被哄、被重视，某些时候，甚至还需要一些台阶下。当顾客表示自己有熟人，也属于这类范畴。

顾客说自己有熟人，大致传递出以下几个信号：

（1）产品本身并没有什么问题，顾客不是不想要，只是觉得价格不合适或没有折扣、优惠什么的。

（2）可能导购员在接待的过程中，让顾客感觉有点儿不受重视，对自己不够热情，所以顾客说有熟人，可以让店家重视自己。

（3）这是在给导购员一个比较明确的信号，说明顾客对产品的价格等不满意，想要一个更低的价格或赠品，自己有熟人可以给个更低的价位。

（4）顾客想让店家来留住自己，或者给自己一个台阶下。

（5）店家需要有所妥协，不然顾客就会真的走。

实际上，真正要走的顾客反而会很安静，顶多说点儿客气话，而不会刻意说自己有熟人。俗话说得好，嫌货的才是买货的嘛。所以，当顾客说自己有熟人时，千万不能脱口而出的用语就是：

（1）那你去熟人那里买吧。

（2）没办法，价格确实不能再少了。

（3）你到哪里买也是一样的。

（4）别着急呀，再看看嘛。

（5）欢迎下次光临。

如果导购员说出这些话，那就是真的将顾客给轰走了，为别的商家做了嫁衣裳。顾客说“我有熟人”，肯定对商品有不满意的地方，这种情况下，导购员应该正面回应，态度和缓、彬彬有礼地承认不周到的地方，对价格等做出合理解释。无论如何，要先找个理由把顾客挽留住，接下来再慢慢谈。

要想留住顾客，就必须转移顾客的注意力，或者增加一些服务、给予优惠、赠送小礼品等，让顾客不好意思再走。即便是导购员让价，也得找个合适的理由，使顾客感到你的确做出了让步。

市面上的商品种类繁多，即便某些产品的款式、类型相似，但价格却可能相差甚远，这些情况导购员心中有数，但顾客却未必清楚。因此，导购员需要尊重和理解顾客的质疑，向其说明自家产品的优势，将同类型产品价格差异的原因解释明白。

产品差异化的利益点很重要，导购员可以这样说明："我们的产品价格确实要贵一点儿，起初很多顾客都有这样的疑问，为什么你们家卖得比别家高一些？但是顾客在跟别家比较之后，最后还是选择了我们的产品。我嘴上说好不行，您亲自来体验一下就知道了。"

作为导购员，首先要承认价格差异的存在，但同时也要用产品的亮点来吸引顾客，鼓励顾客亲身体验，从品牌形象、服务、售后、细节等各个方面来打动顾客，让顾客觉得价高有价高的理由，的确物有所值。

顾客说自己有熟人，将同类产品进行比较是很正常的，要注意的是，导购员千万不能因此而贬低竞争对手，一则，如果自家产品是真的好，贬低对手没有必要，反而是自己不自信的表现；二则，通过贬低对手来抬高自己，不但不会起到好的作用，反而会轻易破坏自己在顾客心目中的形象，是一种得不偿失的行为。

这类常见的错误应对有：

"您不能只看价格，其他家的质量不行的。"

当顾客觉得"你这儿价格比较贵"的时候，导购员如果张口就说"就算你有熟人，买的质量也不行"的话，既不符合同行业公平竞争的规则，同时也只是贬低别人，压根儿没有说出价格为什么会有差异。

"我们的是品牌货，当然价格高。"

这种说法与上一种说法相近，盛气凌人的态度只会让顾客嗤之以鼻，何况"品牌"与"高价"并不能画等号。

导购员应该这样引导："别家的产品看起来和我们家的差不

多，但只是表面现象，一分钱一分货，内在的质量仅凭外表是无法准确判断的。我们店是诚信经营，所有商品都明码标价，质量也过硬，相信您用过一段时间后一定会满意我们的产品。您看店里的很多顾客，他们都是回头客，因为信得过，所以经常来光顾买东西。”

商家向顾客推介商品时，除了价格之外，服务、信誉、性价比、对顾客的承诺等，都可以成为商家的独到优势，让其成为价格以外的商品附加值。

比如洗衣机销售，导购员可以说：“昨天也有顾客说自己有熟人，可以买到更便宜的产品，但他最后还是买了我们的产品。先生，您也知道影响商品定价的因素有很多，像设计、工艺、质量、售后等不同，价格都会有所不同。这就像同一道宫保鸡丁，厨师不同，做出来的口感也会存在差异。一样的道理，虽然用料是一样的，但我们品牌的特点是……”

“是的，您很细心，观察得也很仔细。您说熟人店里的产品采用的材质与我们的品牌大同小异，其实价格差别主要就体现在服务和售后方面。洗衣机的安装、售后都很重要，如果您购买我们的洗衣机，不但有师傅送货上门安装，而且保质期内免费维修。另外我们是老品牌，质量、信誉均有保障，不会让您吃亏的。来，您可以看一下……”

面对顾客说有熟人的情况，销售人员一定要注意观察，从顾客的言语、神情中捕捉一些重要信息，在与顾客沟通的过程中抓住对话的时机，留住顾客的脚步，不放弃任何一个机会，让顾客对产品有更多一些的了解，看到产品的优势，产生购买的兴趣。

“有……吗？有我就定了”

春节放假前的一天，杜小姐在公司楼下大超市里的蔬菜专区看到了一盒芥菜头，整个超市只剩下这一盒。她当时嫌2个芥菜头都要卖10块钱有点儿贵，心想老家那边要便宜很多，就放弃了没买。在北京，还是以北方人居多，像芥菜头这种南方菜，在北京的超市和菜市场很少看到，北方人也很少吃这种菜。所以，当第一次在超市看到它时，她的反应首先是惊喜，然而却错过了它。后悔之余，她再去菜市场询问，走遍市场也没有蔬菜摊卖这种菜。

接下来，因为心中的执念，她几乎每天都会去公司楼下的大超市蔬菜专区转上一圈，有时也主动询问打价员：“请问今天有芥菜头卖吗？”得到的都是否定的回答。

对我们来说，总会有那么一件与购物有关的事会让你刻骨铭心，以上所讲的情景就是其中一例。

在某种特定的环境下或情境中，有时候，我们为某个深植于内心的念头而突然心潮涌动，唤醒了久违的记忆，拉近了熟悉的感觉，就那么一瞬间，特别想拥有那样一种商品。它或许与情结有关，或许与过往的经历有关，也或许仅仅与渴望有关，我们愿意为了它而四处寻找。于是，你走进商店，带着热切的、焦急的、渴求的眼神询问店员：“你好，请问你这儿有 ×× 卖吗？”

当商家遇到这种情况时，基本都属于顾客主动搜求，并且这种商品通常是不常见的，若是很容易就买到，就不至于被顾客如此求索了。如果你的商店里正好有顾客苦苦寻求的这件商品，那么恭喜你，成交的概率几乎是 100%。

当顾客终于买到心仪的商品时，一定会是欢欣的、雀跃的，有着难以言喻的满足感，他所获得的消费者剩余必定比普通商品给他带来的效用要大得多。一般这样询问的顾客，都属于意向性很强的顾客。他主动地了解信息，是因为该商品市面上不容易见到，但对他来说却是一种稀缺资源，有着某种特殊的意义。

但是也有一种情况，就是这种商品并不是太难买，而顾客对购买的地方并不是很熟悉。他怀着期望的心理走进商店，希望店员能够给予一个肯定的答案。比如他需要一把螺丝刀，如果你这里恰好有，顾客通常都会毫不犹豫地买下来。

只要你有，我就肯定买。强烈的需求催生出购买欲望和动机，也为商家带来销售机会。为了买到一个记挂着的芥菜头，也就是著名的涪陵榨菜的基本原料青菜头，杜小姐找来找去，超市、菜市场买不到，就想到了借助网络渠道，随后很惊喜地发现，原来有了发达的互联网是如此方便，购物 App 上很轻松就能买到，价格不贵，物流也比较快。

当销售人员遇到顾客急于打听某种商品，且露出急切购买的神情时，一般有两种应对方式：商店正好有这种商品，怎么做？没有这种商品，又怎么做？

第一种情况是商店刚好有顾客所寻求的东西，那么就很简单，对话可以是这样轻松愉快的：

“你这儿有 ×× 商品吗？”顾客一脸期待。

“先生（女士），有的，您请稍等，我马上给你取。”

销售人员将商品递到顾客手里，经顾客反复确认，确实是他要买的东西，于是满心愉悦地说：“行，就是它，我把它买下来。”

OK，一笔交易就这么做成了，非常简单，不费吹灰之力。

第二种情况是，顾客找某种商品很久，也问过很多家商店，但都一无所获，抱着试一试的态度来销售人员所在的商店再次询问。

“请问，你们家有 ×× 商品吗？”

“稍等，我这就给你找找。”过了一会儿，没有找到顾客想要的商品，销售人员只能很遗憾地说：“抱歉，先生（女士），这种商品暂时无货，您若是急需，可以留下您的联系方式，一旦来货，我会马上通知您，可以吗？”

如果销售人员在商店无货的情况下，能够尽量想办法宽慰顾客，并提供力所能及的服务，比直接粗暴地告诉顾客没货要有人情味得多，至少顾客不会是满怀希望而来，接着失望而归。给顾客留下一线希望，再努力帮顾客解决问题，会更好地促成交易，给顾客留下良好的印象。

小迪家附近有一家港台食品专卖店，主要经营来自香港、澳门、台湾等地的特产。因为有一次去台湾出差的时候，小迪品尝了当地的一款奶茶，觉得口味不错。看到新开的这家港台食品专卖店，她就怀着好奇的心理进去逛了逛，本来只是试探性地向时尚优雅的女店主问了一句："你这儿有台湾的奶茶卖吗？"

女店主却没有先回答她，而是从货架上一个不太起眼的地方拿出了杯装的速溶台湾奶茶递到小迪面前："您看看，是这种吗？"

"哇哦！"小迪欣然发出惊叹声，"没错，没错，就是它。"然后很爽快地掏钱买下了奶茶，喜滋滋地带回了家。

从顾客的消费心理来讲，求而不得让人缺乏满足感，求而得之则会大大提升商品对顾客产生的效用。如果这种商品的价格合理，甚至远低于顾客的期望的话，顾客的消费者剩余会增大很多。

碰到主动询问、急切想购买某种商品的顾客时，请相信，这一定是幸运营销的开始，只要抓住机会，成功就在眼前。

第三章

解密常见顾客语言

说话，会透露出信息，尤其在买东西的时候，顾客脑子里在飞速运转，这时候的语言或多或少都不是其内心的真实想法。作为销售人员，该怎样通过语言来了解顾客的内心？

解密“我再想想”

销售人员会遇到形形色色的顾客，需要应对各种各样的情况。其中，总会碰到一些犹豫不决的顾客，当顾客说“我再想想”时，到底该如何应对呢?

常常听一些销售人员抱怨顾客:“怎么考虑这么长时间啊，说话一点儿都不靠谱，这不是拿我开涮吗？”其实，不是顾客不靠谱，而是销售人员根本不知道顾客在想什么。

如果销售人员在介绍产品之后，顾客说自己再想想，基本表示他有了拒绝的打算，再想想不过是委婉的托词而已。所以，在与顾客进行交流的时候，一定要让顾客“再想想”式的拒绝念头“胎死腹中”。所谓打铁要趁热，斩乱麻要用快刀，必须引开话题，否则一旦让顾客拖时间，生意就很难做成。

当你听到顾客说“我再想想，过后给你答复”时千万不能轻信，同时也不要灰心，只要运用一些营销的技巧，顾客是不难搞定的。

首先，下列错误的做法要避免:

（1）有什么好想的，我们的产品挺适合你的。

（2）这产品这么好，你还想那么多干吗？

（3）那你就先考虑下，想好了再叫我。

（4）好吧，这样啊……（一副无话可说的表情）

……

销售实际上是一门心理学，销售人员对顾客进行销售就是要不断揣摩顾客的心理，如何把商品以合适的时机推销给顾客是最终目的，也最考验销售功底。

“我再想想”是很多销售人员都会遇到的普遍情况。如果明明知道这只是一种拒绝的借口，却听之任之，真的放顾客去考虑，多半黄花菜会凉。

“有什么好想的，我们的产品挺适合你的。”适不适合顾客自己知道，作为销售人员是不能替顾客做决定的，越俎代庖只能产生反作用。销售人员应引导顾客，让产品的形象不知不觉地在顾客心里埋下种子。

“这产品这么好，你还想那么多干吗？”产品好坏不是销售人员说了算，要顾客认可才行，如此自夸会让顾客感到不舒服，潜在意思是顾客的考虑是多余的，盛气凌人很可能会吓跑顾客。

“那你就先考虑下，想好了再叫我。”说这样的话，纯粹是让顾客放任自流，如此处理顾客十有八九会一走了之。

“好吧，这样啊……”不用说，此话直接宣告了销售的失败，必须避免。

顾客的一句“我再想想”的确给销售人员带来了不少的烦恼，“考虑”得越久，成交的机会就越渺茫，要机敏应对这句话，让顾客少考虑或不考虑，交付信任。

正确的应对：

（1）逼近一步，查找真相

不少营销的失败都在于没有搞清楚顾客的真实需求。大牛上大学时喜欢上了同学院的一个女生，为了追求她，大牛时常从自己不多的生活费里挤出一点儿钱来给女生买进口的红提，并亲自给女生送过去。久而久之，女生不但没有跟大牛相好，反而疏远了他。直到快毕业的时候，女生才主动告诉大牛，其实她并不喜欢吃进口红提，而是喜欢吃进口猕猴桃。连女生的喜好都没搞准确，难怪大牛没有追上对方。

顾客也是一样。当顾客说“再想想”时，销售人员可以进一步询问原因。这时，可以说：“既然您说要考虑一下，说明您对我们的产品还是有兴趣的，对吗？”然后，一定要给顾客留下反应的时间，因为这个反应往往可以引导顾客向你的话题轨道上转，为下一步的交谈做准备。

面对刚才的问题，顾客一般不会拂销售人员面子：“是的，有点儿兴趣，但我还需要再想想看。”接下来，销售人员的任务就是确认顾客究竟是真的需要考虑还是只是敷衍。

“那您可以说说您要考虑的原因吗？是我介绍得不好，还是其他什么原因？”“考虑”二字可以适当延长时间，并以强调的语气说出来。同时，示顾客以弱，让其告诉自己真实想法，越早知道顾客考虑的原因，就越好想办法应对。

只要顾客不说“我确实没什么兴趣”，销售人员就有必要推他一把，让顾客没有办法拒绝。比如你可以说：“对不起，可能是我有什么地方表达得不太清楚，如果您有什么疑问尽管指出来，也让我能够更好地帮到您，好吗？”一些真诚的话语，能够赢得顾客的信赖。

（2）真诚地建议顾客购买

在了解到顾客说要想想的原因后，销售人员应当认真就顾客提出的问题做解答，并引导其购买。

怎么建议顾客购买呢？拿汽车来说，最好的方法就是把坏处都说透，因为汽车销售市场最大的特点就是与人身安全息息相关。比如刹车片并不外露，很多顾客会不易察觉，但它却是与安全关联度很高的部件。一旦顾客对是否买刹车片犹豫不决，销售人员就可以把刹车片损毁的严重后果告诉给顾客，只要对方因为担心安全问题而产生恐慌心理，就会对购买刹车片产生兴趣。安全无小事，某种意义上，这也是对消费者的生命安全负责。

（3）微笑送别顾客并留下联系方式

如果有的顾客纯粹是以“我再想想”作为借口来避免纠缠，想直接离开商店的态度坚决的话，销售人员也没必要死拉硬拽的。强扭的瓜不甜，如果做不成买卖，也要保持平常心，应该以真诚地微笑送别顾客，也可以主动留下顾客的联系方式，或者加个微信、让其关注微信公众号等，争取后续通过宣传能再吸引到他。

面对顾客的“我再想想”，一定要弄清楚顾客的心理状态，这不是一种直接拒绝的明确表态，至少顾客这样说意味着不讨厌、不反感销售人员的推荐，甚至还算接纳，并且他八成是“消费决策者”。只要销售人员的技巧把握得当，完全可以将“想想”变成愿意倾听你对产品的介绍，甚至主动咨询，一旦疑虑消解，把产品卖出去也就不难了。

“能不能再便宜点儿”

作为消费者，顾客在买东西时经常会砍价，这对销售人员来说是司空见惯的事。很多顾客在买东西的时候，经常会在没仔细了解产品，看个大概时就直接询问：“这个多少钱？能不能再便宜点儿？”

面对这样的问题，如果马上拒绝顾客，一般都会令顾客产生反感，转而掉头就走，再也没有后续的购买动机。所以回答这类问题是有不少技巧的，首先需要让顾客对商品有一个充分的了解。

从顾客的角度来讲，一件商品，无论商家的报价是多少，顾客都会嫌贵。做销售和谈判没什么两样，几乎每天都会被顾客砍价。遇到“能不能再便宜点儿”的询问，可以绕开价格，将其吸引到商品本身上来，不在价格上面做过多的纠缠。当顾客发现物有所值，自然会欣然购买。

这里分析几种与顾客讲价时的话术。

（1）随口讲价

当顾客说：“这洗衣机有点儿贵啊，能不能再便宜点儿？”销售人员可以这样回答：“一台 2699 元的全自动洗衣机，您少说可以用5年，平均下来每年大约540元，每个月40多块钱，一天一块多，其实很划算的呀！而且我们的洗衣机是知名品牌，性能优良，质量过硬，免费三包……”接下来，介绍一下洗衣机的核心功能，帮助顾客对商品有一个深入的了解。

顾客随口砍价，而销售人员将比较大的一个数字进行分解，这样听起来会让顾客更容易接受一些。

（2）老顾客优惠

如果顾客提出：“哎呀，我都是老顾客了，你看再优惠点儿吧！”这时，销售人员千万不能直接拒绝，拂了顾客的面子。顾客将自己放在老顾客的位置上，已经意味着他对产品的认同，只是想再要个更低的价格。经过统计，20%的老顾客贡献了商家80%的利润，如果因为价格的问题打击到老顾客，也将影响顾客对商家的好感。

此时，先要给顾客足够的面子，让他感受到被认可和尊重。可以这样回答：“非常感谢您对我们产品长期以来的喜爱，也很高兴能结识您这样的老朋友。只是这个价格确实是没有多大利润的良心价了，还请理解。后面产品有优惠活动的时候我一定第一时间通知您，再给您留着赠品。”这是不是比一口回绝要好很多呢？

（3）挑剔商品

假如顾客说：“这个牌子没听说过呀，你这儿价格是不是贵了点儿？”冷不防抛来如此一道“送命题”，回答得一不小心就容易出岔子，被顾客在价格问题上纠缠而难以有满意的答案去安抚。

遭遇类似问题时，可以巧妙地转移话题。比如反过来问顾客："感谢您的支持，不知您是什么时候注意到我们的品牌的呀？"之前没有听过此产品的顾客基本上会回答"今天刚看到"，那么接下来可以对他说："是吗，那太好了，正好来了解一下我们的品牌，我给您做个详细介绍……"由此将沟通重点换到品牌和商品上来，而不要始终围绕"价格"这个敏感话题。

（4）用担心做理由

有的顾客会面带狐疑地问："要是质量不好怎么办？要不你再便宜点儿，我买回去试试？"这种情况下，即便有的销售人员直接回答对方"您放心，我们是大品牌，全国有很多专卖店，产品有口皆碑，质量不会有任何问题"，也难以消除顾客的疑问。

这时可以站在顾客的角度，感同身受地道："您是不是买到过质量不太好的商品呢？如果是，那我表示很理解，因为我以前买东西也遇到过这样的情况，所以能够明白您的担心。商品的质量和售后非常重要，没有保障的商品绝不卖，这是我们的原则。凡是您在我们这儿买的产品，都有完善的售后服务，一旦有什么问题，我们都会及时为您处理。"

（5）你要优惠了，我下次还会再来，也会介绍朋友来买

遇到顾客以"你给我便宜点儿吧，我下次还会再来买，也会介绍朋友过来"这样的话做理由来砍价，销售人员应当保持冷静，千万不能一听到顾客让价格再少一点儿，就表示出不高兴，应该面带笑容，合情合理地说明价格已经是很优惠了，而且质量也是有保障的，说动顾客接受报价。

（6）隔壁卖的都比你们家便宜，优惠点儿吧

如果隔壁的同款产品真的比自家的优惠，那顾客就不可能在这儿砍价，而是直接去隔壁店了。顾客无非就是想让价格再低点儿。销售人员则可以和颜悦色地说："哪怕是同样款式的产品，质量上总会有差别；所用的制作材料不同，品牌不同，价格也会有差异。您说的价位我们的确给不了您，您也可以跟别家的产品多比较一下，如果还是愿意信赖我们的产品，我们会在力所能及的情况下最大限度地给您打个折扣。"

（7）其他的什么都好，就是价格太贵

这句话表明顾客是很认可产品的，潜台词是"只要你给个我能接受的价位，我就买下它了"。销售人员可以回答对方说："常言道：'一分钱一分货，好货不便宜，便宜无好货。'产品的价格和质量是成正比的。如果您买的东西很便宜，但拿回去几天就坏了，那反而得不偿失。也许您现在觉得我们的产品是比较贵的，但长期来看其实并不贵，一次性把东西买对了要省很多事，花钱也就不觉得冤枉了。您说是吧？"

（8）就我说的价格了，卖的话我现在就买，不卖就算了

顾客"将刀都架到脖子上"了，意思是想卖就痛快点儿。如果商家确实不愿意以顾客提出的价格成交，那就直接坦承："如果您觉得价格不合适，那确实非常抱歉。您给的价格我真的没办法接受，我们连本钱都赚不回来，这个价格在整个市场上都买不到的。这样吧，您可以再上别家看看，如果有需要，随时欢迎您光临本店！"

总结起来，卖东西要顺利成交有七大原则：

（1）顾客要的不是便宜，而是感觉自己占到了便宜。

（2）不要与顾客争论价格，而要与顾客讨论价值。

（3）没有不对的顾客，只有不好的服务。

（4）卖什么产品不重要，重要的是怎么卖产品。

（5）没有最好的产品，只有最合适的产品。

（6）没有卖不出去的货，只有卖不出去的人。

（7）成功不是靠运气，用对方法可以搞定一切麻烦。

实际销售过程中，顾客的心理是千变万化的，但砍价无非就是对产品的价格和质量入手，只要应对得当，沟通融洽，再难缠的顾客也是可以搞定的。

“改天再过来”

一家商场的男装专柜，高挑漂亮的女顾客在导购员的帮助下为自己的丈夫挑选了一件西服，她觉得西服的型号、颜色都很合适，于是决定买回去。但是当导购员带着她到收银台去结账的时候，女顾客却突然犹豫了一下，将手中拿着的衣服交给导购员说：“还是我改天带他亲自过来买吧。”

这突然的变化令导购员觉得很有点儿无奈和不甘，但也只能眼睁睁地看着女顾客离开专柜。究竟这位女顾客下次会不会带她丈夫来买下这件衣服谁都不确定，反正这次是“快到手的鸭子就这么飞了”。

身为销售人员，一定会发现这么一种现象，很多顾客在仔细挑选商品后，明明看中了其中一件，像是要定下来购买的样子，最后却听到对方说“我改天再来”。然后……就没有然后了，原来只是说说而已。

这句话从字面意思上看，好像是今天暂时不买了，也许过几天后再来看看。有的销售人员听到顾客这么说，就觉得顾客基本再也不会来了，失望之余，甚至会把不高兴的表情挂在脸上，或者简单说句“欢迎下次再来”打个圆场，连送一下顾客的心情都没有。如果是这样，那就真的不会有再来的机会了。

销售从根本上靠的是心理战术，而成交则是依托引导艺术。本节开头例子中提到的女顾客为丈夫买西服，是出于对另一半的爱，也是为了让两人的感情更融洽。导购员真正应该做的是把握住女顾客做出这一决定的动机，引导顾客说出现在不能立即购买的原因，同时进行入情入理的分析，推动对方实施购买行为。直接给顾客下个一定不会买的定论是草率的，不给顾客好脸色更是鲁莽。

客观地分析，大部分原因可能是顾客真的不打算购买，但也有可以挽回的机会存在。顾客既然说“改天再过来”，并没有把话说尽，没有直接说不买，在这句话背后大致可能有三种情况：

（1）今天的确有事，过两天还会再来

有的顾客当时只是先看看，把中意的选好，回去商量下再找个时间来购买。尤其是顾客突然接到一个电话后，或身边有同伴提醒他接下来还有什么重要的事情要办的情况下，如果今天实在没办法把东西买下来，但又有购买的意向，顾客通常会适当解释一下原因，并且会具体说明再来的时间，然后以较快的动作离店，毕竟是真有事嘛。

销售人员需要注意，这种情况下的顾客在解释原因的时候，一定是表情正常、神色坦然的，不带什么虚假。本身有购买的打算，只是因为某些原因暂时推迟下时间，解释下也是让销售人员稍微安心。

（2）有购买意愿，但不完全接受价格

对商品比较心仪，却对价格有意见的顾客说“改天再过来”，意味着要再考虑一下。可能顾客出了店，会转身到另外的店里面看看或比较价格，同时也以这样的方式对销售人员施加一下压力，希望能够得到价格上的优惠或其他更好的条件。

顾客说过两天再看看，而且没有马上离店的动作，明显是想等销售人员的反应，接下来就看销售人员怎么表现了。

（3）已确定不买，只是碍于情面委婉拒绝

某些时候，顾客觉得销售人员热情接待了自己这么久，态度亲切，笑容可人，然而自己最终还是不想买会觉得不好意思，直接说不买了说不出口，只好委婉言之，算是给销售人员一个面子，顺便也给自己找个台阶下，让彼此都释然一点儿。

假如是这种情况，多半是带着愧疚心理的，顾客可能还会捎带着说点儿赞美销售人员或门店的话，配合语言带笑掩饰一下。

无论是以上哪种情况，销售人员都不要直接就放弃挽回的机会。面对顾客说“改天再过来”，回应说：“那您慢走啊，欢迎下次再来！”此话等于把顾客立刻往外赶。只要顾客不是说完话拔腿就走，就说明还有回旋的余地。

以下几个方法是销售人员可以灵活加以运用的点子：

（1）主动留下资料或联系方式

如果有必要，销售人员可以拿出关于产品的介绍资料或个人名片给顾客，如果顾客接了并有所停留，就说明还有戏；如果顾客直接表示拒绝，那就不用再费劲了，对方根本没有真正考虑购买。

同时，也可以主动向顾客索取名片或联系方式。“产品行情可能随时会有变化，这样吧，要不您留个联系方式，最近几天如果有什么价格方面的变动我好及时告诉您。”肯留下联系方式的顾客，后续可以再继续跟进。

若是顾客顺着这个话题继续往下说：“你直接给我个最低价吧！”那就说明顾客在以“改天再过来”的名义等销售人员释放条件。

（2）核对商品

销售人员可以与顾客再一次核实一下对方有意向的商品信息，然后主动表示：“我帮您查下这个型号产品的库存情况，看数量够不够，最近货走得比较快，可能卖完了就没有了。”说这句话的目的，也是间接暗示顾客机不可失，时不再来，不要再纠缠价格了，说不定你选定的这款产品很快会售罄。

（3）顺坡下驴

如果以上的方式都做了，顾客还是没有立即离开，仍与销售人员沟通，那就得赶紧找个座位给顾客，帮着顾客“顺坡下驴”。既然对方确实不想买，那就给对方留个好印象。

销售人员不能仅从自己的利益出发，而应站在顾客的角度来看问题，不要带给顾客不信任，将顾客越推越远。商品的选择是随机性的，顾客有很广的选择面，错过了这个村还有下个店。激烈的市场竞争中，一旦放走顾客，就很难保证对方还会再回来。

销售人员可以试探性地询问顾客暂时不买是不是有什么担心，价格还是质量，同时不忘夸赞顾客。只要顾客给出答案，就能采取有针对性的对策。

总的来讲，顾客说“改天再过来”，就是没把话说尽，留下了余地。销售人员一定不能直接放弃，不争取固然没机会，但努力争取下说不定能把“改天”提前到“当天”。

“我们回去沟通一下”

许多顾客在买房、买车或买电视机、冰箱、洗衣机、空调、沙发、床上用品等许多耐用消费品时，都需要一家人共同做出决策。于是，时常会发生下面的故事。

一对中年夫妻走进创维电视机专卖店，想买一台超高清智能网络 Wi-Fi 液晶平板电视，受到了导购员的热情接待。夫妻俩在导购员的介绍中了解了关于产品的参数、性能、产地、价格等各方面信息，也熟悉了使用的注意事项之后，看上去对产品比较中意，但最终还是没有买，而是对导购员说：“我们回去沟通一下，商量后再做决定。”

针对这种情况，销售人员该如何应对呢？

销售人员首先要弄清楚顾客的真实想法。在这个案例中，顾客说要回去沟通一下，那么导购员首先应该做的是给予情感上的认同：“是的，我非常理解你们的想法，毕竟这也是一件大事情，很多时候都需要一家人多沟通和商量。”记得千万不要一上来就顶撞顾客“这电视这么好，你们都不买，什么眼光”，或“你们还要商量什么，这可是搞促销活动的最后一天了呀”。这些话会更加坚定顾客不买的想法。

在销售活动中，销售人员表现得越热情，顾客越会保持距离，你越淡定自若，顾客反而会有转圜，所谓“一张一弛，文武之道也”，和顾客心理博弈的节奏把握是相当重要的。

对顾客的想法表示认同之后，接着就必须与顾客确认一个最关键的问题：“您对我们的产品应该都没什么异议了吧？”因为当顾客说他们要回家沟通一下的时候，实际会有两种可能，要么是他们可能确实没有考虑好，不能当场拿出个确定的主意来，需要回家再认真想想，这样的话就完全还有机会；要么是他们根本没有看中该产品，说回家沟通只是敷衍而已，也不会打算再回来把产品买下。

两种可能二选一，那么顾客的真实意思是什么？

销售的技巧就蕴藏在与顾客打交道的过程中，即便你知道顾客是在说假话，但也不能去戳穿他们，必须对顾客表示出最大程度的礼貌和尊重，一步一步从顾客口中了解真实情况。

“产品不错，没什么异议，只是我们总得再回去商量商量。”一般顾客类似回答的可能性较大。假如面前的顾客对产品还有异议，那就得想办法帮助顾客将异议消除，让顾客下定决心购买。

来看下面的一个案例。

25 岁的小周是一名乳胶床垫销售员。某天，她带着自己的顾客老杨夫妇一起到营销会场参加健康专家的讲座。

讲座上，健康专家绘声绘色，当场操演，讲解乳胶床垫的功用及真假辨别，显得十分专业又幽默风趣，不时赢得台下观众阵阵掌声。前来听讲的顾客都纷纷在准备好的乳胶床垫上进行了试睡，对床垫的功效和舒适度也都很满意。

老杨夫妇也在其列，他们躺在乳胶床垫上，足足体验了 10 分钟，老杨还用手在床垫上拍拍打打地尝试，两人面带喜悦。站在一边的小周始终在注意观察两人，发现老杨比较健谈，而他妻子却不太爱说话，判断出通常做决策的应该是老杨。然而在征询两人的签单意向时，老杨却告诉小周："我做不了主，想回家再和妻子沟通一下。"

这时，小周便很坦诚地对老杨说："杨先生，刚才老师讲的床垫与睡眠健康课程，看您和夫人都听得很认真呢。我们都知道，家里有一张睡得舒适的床对我们的睡眠会起到很大的帮助，尤其是到了中年，平日里如果不注意就会比较容易出现腰椎或腿部不适的情况，所以在睡眠养生方面真的很重要。"

老杨听后，点点头说："这个是。"小杨又接着说："我们是 × 国 × × 乳胶床垫的品牌代理商，所有的床垫都是从 × 国进口，不但透气性强，还可除螨防菌，回弹力也强，可以有效促进睡眠，你们也都亲自感受了，并且这次活动价折扣力度比较大，比平时来买划算多了，建议你们认真考虑一下。"

老杨与妻子眼神对视了一下，说声"稍等"，便拉着妻子到一边小声商量了几分钟，回来后便在小周那里爽快地购买了一张乳胶床垫回去。

在这个案例中，顾客老杨其实在购买行为中具有很大的决策权，起初之所以说"回去沟通一下"，只是因为销售人员的介绍没有打动自己而已。这时只要"再点一把火"，让他意识到产品的价值所在，又加上优惠的价格，也就水到渠成地促成决策者拍板购买。

可见，并不是顾客说自己做不了主，要回家沟通、商量就意味着销售人员应该放弃，此时还需要判断出顾客说这句话背后的真实原因。有的时候，顾客的拒绝才是销售的真正开始，也是考验销售人员功力的时候。

销售过程中，一旦遇到顾客要“回去沟通一下”时，必须明白的是，对于是否购买一件东西会犹豫不决的顾客，性格一般会优柔寡断，拿不定主意，也就是缺乏主见，容易受到外界的影响。面对这样的顾客，销售人员不要让其轻易走掉，而应抓住其犹豫不决的性格特点，对其进行引导，尽量说服其同意签单。

成交后，可以给予顾客赞赏的目光，比如上例中，小周可以说：“恭喜您做了一个明智的决定，相信你们将这张乳胶床垫带回家，能够给你们送去舒适和健康，有什么问题可以随时与我联系。”

做销售工作，一定要以顾客为中心，摸准顾客的性格和喜好，把握好分寸，赢得顾客的好感与信任，让沟通在自然、融洽的氛围中进行。逼单也要讲策略，把顾客的思想工作做通了，“回去沟通一下”的想法自然也就被当即签单给替代了。

顾客嘴里的“谢谢”

我们都知道，“谢谢”通常是对接受别人给予或提供的帮助、恩惠，得到他人宽容而说出的感谢性话语。在我们的生活中，每个人都曾说过无数次的“谢谢”。而当顾客对销售人员说“谢谢”二字，代表什么意思，销售人员又该如何回复呢?

顾客对销售人员说“谢谢”二字，不同的语境中有不同的含义，不能一概而论，必须具体问题具体分析。这里通过不同的场景来展现。

场景 1：

商场的咖啡店门口，一位身着正装、长相甜美的年轻导购员将煮好的咖啡分别倒在数个小纸杯里，然后微笑着递给路过的顾客：“您好，这是本店新到的咖啡品牌，欢迎过来品尝一下！”

当然，让顾客品尝的目的是为了促进购买。有兴趣的顾客会驻足停留，接过小纸杯尝一下味道，旁边还有一位导购员会在顾客品尝完后询问：“怎么样，觉得味道还不错吧？喜欢的话可以买上一盒回去喝，或者送亲朋好友。”

对于抱着不喝白不喝的心理，或者纯粹品尝而无心购买的人来说，多半会直接回答：“不用了，谢谢！”用谢谢来表示礼貌，但拒绝进一步的购买行为，就像蜻蜓点水一般。

如果连品尝的兴趣都没有的顾客，在导购员将咖啡递上来时也会礼貌性地挥手拒绝：“谢谢！”

此种情况下，如果导购员想再向顾客介绍或强制让顾客购买东西就不太可能了，不然只会惹对方不高兴。根本不想买的顾客，就不用再多费心力，应当礼貌地送走顾客。

场景2：

小娟在淘宝上开了一家网店，专门卖当地的土特产。每次顾客在她的网店里买东西，有问题向她咨询的时候，她都会第一时间快速回复顾客。

“您好，在吗？”

“在的，亲。”

“请问一下我刚在你们店铺买的特产什么时候发货呢？”

“24小时内。”

“那发货后大概几天可以收到呢？”

“正常情况下三天，快的话两天。您可以随时关注物流信息的。”

“好的，谢谢。”

“不客气的，亲。”

顾客向店家就关心的问题进行咨询，发生于成交之后，在得到店家的答复后，一般会表示一声“谢谢”，这种“谢谢”的表达是礼节性的，自然而然的，而店家的回答通常都是“不客气”，有来有往，一个完整的咨询就此结束。

销售人员或客服人员本身要做的工作就是让顾客满意地购

物，面对顾客的“谢谢”，应该用“应该的”“不客气”“有什么问题随时咨询”之类的话来回复，互相表示尊重和礼貌。

场景 3:

凡凡在某品牌服饰专卖店做导购员，有一次遇到一对夫妇带着五六岁的儿子前来购物。因为专卖店里男装和女装都有，夫妻两人看衣服、试衣服花了比较长的时间，而小孩子比较活泼好动，在店里跑来跑去，虽然听见妈妈喊他“快过来，别乱跑”，但却当作没有听到。

笑意盈盈接待夫妻俩的凡凡，一边为他们取尺码合适的衣服，一边在两人试衣服时给予合理的建议，由于用词得当，夫妻俩感到挺愉快。同时，凡凡也没有忘记两人的小孩，趁两人挑选衣服时，凡凡拿来自己买的一些玩具。因为考虑到大人带小孩来购物的情况，所以凡凡专门准备了适合小孩子的玩具，这样就可以让小孩在被父母带来购物时不觉得无聊了。

一见有了玩具，小男孩高兴得手舞足蹈，霎时不在店里乱跑了。凡凡把他带到了休息区的沙发上，对小男孩说：“小朋友，你就在这儿先玩着，等爸爸妈妈忙完就会来带你回家的，要乖哟。”

看着面前微笑可亲的大姐姐，小男孩脆脆地应了声“好”，就开心地自己玩耍了起来。没有了儿子的闹腾，夫妻俩选衣服也就更专注，在凡凡细致周到的服务下，都定下了比较喜欢的衣服。另外，凡凡还特地向他们推荐了一款家庭亲子装，最新的款式，设计简约时尚，质地优良，穿上去很舒适，每人还可以选择不同的颜色。夫妻俩把儿子叫过来一起试了下衣服，在穿衣镜前，看到一家三口穿着亲子装温馨的模样，凡凡也开心地笑了。

对于凡凡出色的服务和体贴的建议，以及为他们申请到价格上的优惠，夫妻俩表现得很是欣赏，连连说“谢谢”。而把这一单完成得很出色的凡凡，不但把自己的名片留给了顾客，还同时添加了女主人的微信，告诉对方以后有需要的地方都欢迎找自己。

此后，店里有合适的新装上市或促销活动，凡凡都会在微信中给女主人介绍，从朋友圈了解对方的喜好，有针对性地推送有吸引力的服饰，但平时从来不随便打扰对方的生活。久而久之，对方就成了凡凡的熟客，多次向她表示感谢。

作为一名销售人员，凡凡非常懂得自己的业绩是建立在顾客的认可和信任的基础上，优秀的服务态度能够拉近与顾客的距离，赢得顾客的青睐，增进顾客的黏性，由此获得的顾客的那声“谢谢”，也会是对方发自肺腑的、真心的感谢或褒奖。

无论顾客礼貌还是冷漠，挑剔还是随和，一名出色的销售人员都可以见招拆招，耐心倾听对方的需求，做出理智的答复。顾客真诚的夸赞、由衷的感谢，是对销售人员工作最好的回馈，这样的“谢谢”，含金量最高。

与顾客保持合作关系的时间越长，顾客越会把更大的业务交到你手中。受到你帮助的顾客也很可能为你介绍新的顾客，为你做免费广告。所以，做销售要从大处着眼小处着手，多站在顾客的角度考虑问题，尊重每一个顾客，当听到顾客那一声真心实意的“谢谢”时，也会是知足的、坦然的，成就感十足的。

“有没有适合我的”

如果销售人员遇到进店的顾客，看来看去拿不定主意，然后主动询问：“有没有适合我的？”这首先就是一个好的开头，说明顾客有真实需求，接下来的问题就是如何满足顾客的需求，让顾客满意而归了。

恰当地为顾客推荐产品，是每位销售人员的必修课之一。同类产品该推荐什么款式，哪种颜色，具有什么功能，多少数量，如何推荐才能让顾客更快地做决策，等等，都是技术活，也是销售的重点。

一个周末，露露陪着好友去看二手房，同时约了位房产中介的小帅哥陪同。因为之前就添加了中介小哥的微信，对方对朋友的购房需求已经有一个基本的了解，所以带了好几套住房的钥匙来。

露露陪着好友跟随中介小哥将四套房子都看了一圈，最终好友对第二套房比较有意向，看她的意思，基本决定要买下来了。不过，露露仔细想来，整个过程让人感觉是中介小哥早已有意无意地提前为好友做好了选择一般。

第一套房子，中介事先将房间的照片、位置、面积大小、基本价格、装修情况等信息都发给了好友，各方面基本符合好友的要求，但也仅仅是刚好符合而已，没有什么特别吸引人的地方；第二套，各个方面都要稍微好于前一套房子，而且房间布局南北通透，采光好，还有一个大阳台，自然价位上要稍微高一点儿；第三套，虽然也都符合好友的要求，但是装修一般，采光较差，让人不太满意；第四套，整体感觉非常不错，但是价格也高出许多，超过了好友的承受能力。所以，综合对比，好友选择了第二套。

或许有的人会问，露露好友为什么没有选第一套房子呢？条件都符合要求，而且价格要便宜一些。其实原因很简单，第二套房虽然每个月月供要多出几百块钱，却带了一个大阳台，以后可以将阳台布置得漂亮闲适，得空邀三五好友，品着咖啡，谈天说地，多么惬意。花比较小的代价就能获得的满足感，会比刚刚好的平淡感更让人心动，何乐而不为呢？

那位房地产中介小哥正是巧妙地把握住了顾客的需求和心理，实现了一次成功的推荐，顾客买到了中意的房子，同时他也赚到了一笔佣金，这种推销方式值得销售人员借鉴。

怎样推荐产品，才能让顾客更快速地做出购买决定呢？

第一，不要给顾客太多的选择，以满足顾客需求为前提，三个选择项以内比较合适。

人的精力都是有限的，如果一下子给顾客太多的选择，产品从 A 排到 Z，顾客会眼花缭乱看不过来，总觉得这个好那个也不错，反而会变得迷茫，找不到方向。当选择行为变得太复杂，顾客反而会犹豫不决，因不知道该如何选择而最终放弃，这是销售人员所不愿看到的结果。

如果顾客一定要多几个选择项做参考，销售人员可以这样说："您的想法我明白，想多看几样从中选择自己最满意的，对吗？如果您相信我的专业眼光的话，建议在我为您挑选的这三件产品中选一种最喜欢的试试吧，它们都是我根据您的需求特地甄选出的最适合您的产品，不妨您先用着看看效果。"

这样表达，既强调出自己的专业性，在顾客面前树立一定的权威，同时也通过"甄选""适合"等词语，来向顾客传达出良好的服务意识，让顾客感到一切都是在为他着想。

第二，为顾客提供的产品选择项要有差异性。

所谓有差异性，就是在推荐给顾客的选择项中，价位、颜色、性能、特色、品牌、主打概念等有所不同，可以各有千秋、各擅胜场，让顾客可以根据自己喜好来进行权衡。

举个很简单的例子，我们去理发店烫染头发时，洗发小哥会先问我们想用哪种洗发水洗头，是普通的大桶，好一点儿的欧莱雅，还是更贵一点儿的卡诗。一般情况下，顾客会问洗头小哥这有什么区别，洗头小哥会顺势讲下所用的洗发水不同，价格会有所不同，同时有不同的效果，由此顾客就会按照自己的需求来选择用什么洗发水洗头。

第三，中间产品的选择，既要体现附加值，也要"踮起脚就能够得上"。

无论是买房还是洗发水的例子，基本都会出现类似的结果，那就是客人大多会选择适中的那个选择项。从心理学的角度来讲，多数人还是偏中庸的，最终会选择在符合自身需求的基础上看起来稍微好一点儿的产品，心里的满足感会比较强烈。

大部分人在做选择时，除非手头很拮据，买什么都专挑最便宜的买，只要有几个可供选择的产品，无论是价格还是质量，一般不会选最差的那个。如果有一个价格相对吸引人、质量过得去、能满足需求条件的中间产品，即便价格会稍微高出预期，顾客也会最终选择它。

有一定的附加值，并且价格也是“踮一踮脚就能够得上”的，自然会受到顾客青睐。中间产品在很多时候，对顾客的最终选择会起决定作用，因而其挑选是很重要的，也会影响销售人员这一单的客单价。

拿化妆品来说，将三款都具有良好保湿功能的面霜摆在顾客面前，其中有一款添加了特别的成分，使其同时兼具美白和亮肤的效果，并且价格只贵了几十块钱，相信很多顾客都会跃跃欲试，宁愿多花几十块钱买效用更多的那一款面霜。这样的话，顾客选择了能令自己有更多期许的产品，而商家也一定程度上提高了利润，实现了双赢。

帮顾客推荐适合的产品，不仅仅是在卖产品，更是在卖一种标准，通过引导顾客选择最合适产品的方式，从中植入自己产品的优势，让其怀着期望而来，带着满意而归。只要顾客心满意足，好的印象也就随之产生，今后有购买需求多半还会再找上门来，或者带更多的顾客过来，形成正向吸引效应。

第四章

顾客行为的奥秘

形形色色的顾客构建了一座迷宫，没有统一的定律，只能靠销售人员自己的经验判断。我们在做着理性的事情，却不得不连顾客的感性加理性思维一起探索，这是个难题。

买东西为什么会和朋友一起来

很多时候在商家的门店里会发生这样一种情况，不少买东西的顾客并不是只身一人，而是身边陪同有闺蜜、知己等被称为朋友的角色。尤其是买房、买车、买大宗家电、衣服、鞋等消费品，有的顾客是比较喜欢呼朋引伴，带着随同人员的，其中又以女性顾客为主。

大学生达美就是这样的一个女孩，只要是买衣服、包包、鞋子、化妆品之类的，总是喜欢叫上同寝室的闺蜜一起，彼此给参考意见，好像这样买东西才会更安心。在门店销售中，有时顾客明明对产品比较中意，但却因为陪她来的朋友一句“我觉得还可以再看看，或许有更合适的”而影响了她的决定，导致这一单飞了，降低了销售人员的成交率。顾客看上去若无其事，但销售人员却会对随顾客一起来的朋友暗地里抱怨不已。

虽然没有销售人员会喜欢顾客身边有“朋友”这样一个“搅局者”，但在实际销售过程中，必须对这种现象引起重视，不能忽略了顾客朋友的意见和建议。毕竟，现实中陪同者的意见对顾客的影响是不可小觑的，所以不能忽视他们的存在。

其实，陪同顾客购物的朋友既可以是商家成功销售的“敌人”、签单路上的“绊脚石”，也可以成为销售成功的帮手，只要将陪伴者的力量运用得当，适时参考陪同者的观点并与之统一战线，就可以大大提升成交率。

案例分享：

周六上午 10 点一过，一家品牌女装馆刚开门营业，几个店员正在忙着打扫卫生。这时，有 5 个 20 多岁的年轻美女走进店来，店主赵姐赶紧过来接待。几个姑娘在店里转了一圈，其中两位停在了一条粉红色的裙子前，用手摸了摸质地，再看了看吊牌，就开始讨论起来。

个子矮一点儿的女生 A 问旁边个子高一点儿的女生 B：“你觉得这条裙子怎么样？”

女生 B 回答：“看着不错，要不你试穿看下效果？”

于是女生 A 便问店长赵姐：“你好，这条裙子有 160 的号吗？”

赵姐欣然答道：“有的，我马上给你拿。”

她很快找出 160 码的裙子递给女生，请她到试衣间换上。

这时另外一个女生 C 向她询问：“可以帮我拿下这件白色宽松版 T 恤和这条牛仔裤 165 的号吗？”

“可以，请稍等。”赵姐将 T 恤和牛仔裤找给 C 女生，她也去了试衣间。另外两个女生 D 和 E 在一个角落里逛。

陪同者女生 B 则自己坐在了离收银台不远的休息沙发上等候。见她一个人，赵姐就踱步过去，和她展开了一段对话。

赵姐:“美女，今天不用上班吗?”

女生B:“我们都还在上大学呢，今天周六正好休息。”

赵姐:“这样啊，那挺好，趁休息的时候出来逛逛街。”

正说着话，女生A换好衣服出来了，赵姐就主动询问女生B:“亲，你看你朋友穿着这件粉色裙子怎么样?”

女生B认真地看了看，点点头，同时让女生A转过身去再看了下背面，然后道:“穿上挺漂亮的，腰身收得很好，曲线玲珑，也衬得皮肤更白皙，我看比你来时身上穿的那一套衣服要好多了，可以买这套。”

“你朋友说得不错，挑中这条裙子说明姑娘你挺有眼光的。”赵姐在附和女生B的同时，也顺带夸了一把女生A。

女生A把D和E也叫了过来，她们都说好看，于是面露喜色，拍板定下了这套粉色裙子。赵姐带着她去收银台刷卡买单，将衣服用袋子装好给女生A。

那边女生D也问了起来:“姐姐，这款短裤有我可以穿的吗?有的话，麻烦再帮我搭配一件合适的上衣，我想试下。”

赵姐道:“有，我给你找找，有件浅紫色的T恤挺漂亮，是今年的流行色。”

她把浅紫色T恤和破洞牛仔裤给了女生D去试衣间，而女生C却拿着白色宽松版T恤和牛仔裤出来了，神情有点儿郁郁。

女生B道:“你怎么没有穿上身给我们看看哪?”

女生C有点儿小无辜:“我自己在试衣间里穿上感受了一下，觉得不是特别好，想再看看。”

正说着，女生D穿着浅紫色T恤和破洞牛仔裤出来了。

女生B立马站起身，看了一阵后说：“你还别说，穿上这套还挺好看，破洞裤也显瘦，我看可以来一套！”

女生D点点头，引得女生C也有点儿心痒痒：“这款破洞牛仔裤给我也来一件，我去试试。”

就这样，女生C和女生E都先后在陪同者女生B的建议下选到了合适的衣服，一行人高高兴兴地完成了购物目标，提着大袋小袋出店。整个过程中，作为销售人员的赵姐在几个女生试完衣服出来后，几乎都没有说什么话，主要是作为陪同者的女生B在给建议，并且基本都很肯定自己的朋友所选择的衣服，也可以看得出来她的话对几个买衣服的女生来说是很有影响的。除了陪同者女生B，其余四人都买了衣服，一共是七件。

从这个案例可以总结出，销售过程中，适当发挥处在顾客朋友地位的陪伴者作用，可以尽量减少其对销售过程的消极影响。虽然他们不直接买东西，但也不能忽略，而应和他们沟通一些有效信息，让陪同者感受到善意、尊重和重视，毕竟他们会比销售人员更加了解顾客的喜好和兴趣所在。不要吝啬自己的赞美，在了解到有用信息后，能更好地找到对顾客的赞美点，真诚地赞美顾客和随同而来的朋友，进一步拉近彼此之间的距离。

销售人员一定要明白，陪伴者虽然没有购买商品的决定权，但却有很强的购买否决权，如果眼中只有顾客而将陪伴者晾在一边，甚至针锋相对的话，很可能会导致顾客流失掉。所以在顾客进店时，销售人员要正确判断出谁是购买者，谁是陪同者。通常情况下，购买与否的第一影响者就是销售活动中最应该重视的关键角色。顾客要采取购买行为，必定会征求第一影响者的意见，并受到其很大影响。间接夸奖陪同者的专业、细心，询问对方的看法，并将他看作自己的建议者。有了心理上的舒适感，陪同者顺势而为，终会收到良好的销售效果。

顾客为什么不理你

明仔的第一份工作是在电脑城卖电脑，那时他年轻，充满活力，干劲十足，每天满脑子想的都是怎样说服顾客来买他们店的电脑。所以一见到顾客进店来，明仔张口就是“价格优惠”“功能强大”之类的套话，一番狂轰滥炸。但令他感到沮丧的是，他越是热情地靠近顾客，给顾客叽叽呱呱地介绍，顾客却越是反应冷淡。经常都没人搭理他，有的还会翻个白眼就很快走开了，弄得明仔尴尬得手足无措。

后来一个顾客也是被他如此推销，但并没有像其他顾客那样烦他，而是直接对他说了句话：“你刚才的样子，简直像要把我吃了一样，要不是我急着要买电脑，才不想理你这种销售。”说完这位顾客也离开了。

看着顾客的背影，明仔突然似有所悟，瞬间安静了下来，并自我反思。是啊，每当顾客一进店，他就迫不及待地上前拉着对方推销电脑，嘴里叨叨个不停，完全不管对方感受如何，那种咄咄逼人的态度确实让人感到很不舒服。见到这样的销售人员，顾客为什么要理你？理你才怪，只简单说一句“我自己看看”已经算客气的了。

这种销售行为并非个别现象，而是很多人最初做销售工作时的通病。一心只想着开单，就会变得心态浮躁，急功近利，却往往忽视了顾客的感受和真正的需求。如果连照顾顾客感受和满足顾客需求这个销售中最重要的基本点都没有做到，被顾客冷漠拒绝是再正常不过的事情。

自那以后，明仔学会了改变自己。他不但虚心向那些业绩做得很棒的业务员求教，自己也细心揣摩。转换销售思路后，明仔渐渐放平心态，明白了欲速则不达的道理。面对年纪大一点儿的顾客，他会先倒上一杯水，和对方聊聊关于电脑的一些基本常识，再慢慢过渡到顾客的需求；若是年轻一点儿的顾客，他会先赞美一下对方的穿着打扮或气质，再从专业的角度与对方聊需求。总而言之，就是变着花样和顾客搭上话，虽然不是对每个顾客都有用，但大多数顾客还是不排斥、不反感的，哪怕最后没有在明仔那里买电脑，也会对他有个不错的印象。

由此明仔感叹，做销售工作需要单纯一些，做不成生意还可以做朋友，时时刻刻将顾客的需求和感受放在第一位，成交是早晚的事。

三十六计中的第十六计为“欲擒故纵”，原文道：“逼则反兵；走则减势。紧随勿迫。累其气力，消其斗志，散而后擒，兵不血刃。”这意思就是说，将人逼急了，对方就会反抗；若是适当放任，对方的势头反而会减弱。要紧跟着对方但切勿逼迫，消耗其气力，削减其斗志，待到对方精神涣散而后将其擒住，这样可以避免不必要的牺牲。古代战争中，欲擒故纵的战术讲求的是看准时机，恰如其分地向目标推进，己方先要故意退一步再前行，以取得最终胜利。

将“欲擒故纵”的策略运用到销售当中来，就与找准接近顾客的时机有很大关系，成功搞定顾客不理人的情况。

当销售人员询问顾客：“您好，请问想买点儿什么东西呢？”顾客并不搭理的时候，就需要注意站位技巧了。有的销售人员见顾客不搭理他，还是继续站在顾客身边，盯着顾客开始步步紧逼，顾客走到哪儿他就跟到哪儿，结果把顾客搞烦了，掉头就走；有的销售人员见顾客不搭理他，就去忙他自己的事情，顾客看了一圈有问题想问，发现没人注意自己，就会直接走了。

在顾客不愿受到干扰的时候，销售人员应该站在什么位置合适呢？通过调研和现场测试发现，如果顾客是往前走的，那就稍微比他站得靠前一点儿，但要保持一定的距离，同时，要注意观察顾客的一举一动，当顾客需要帮助的时刻，就趁机上前提供服务。

接近顾客的最佳时机，大致有五种情况，只要掌握了，就可以比较容易与顾客进行交流。

第一个时机：顾客停下脚步

当顾客开始在某件商品前停下来并且停留有一定时间，那就说明他产生了兴趣。有的顾客走着走着停下来，却在销售人员还没上前的时候又继续往前了，如此走走停停，弄得销售人员不知道顾客究竟要干什么。其实这也是正常现象，此时千万不要心急，宁可多等一会儿。如果顾客停下来一直打量同一款或同类产品的时候，就差不多可以走上去介绍产品了。

第二个时机：顾客查看产品时

如果顾客始终盯着某个产品看，看包装，看价格标签，甚至凝眉思索，就说明顾客产生了一定的购买欲望，销售人员需要马上上前介绍，介绍产品的功能和优势，注意价格高的东西介绍重点不要纠结在价格上面。

第三个时机：顾客触摸产品

若是顾客亲自用手去摸产品，或拿在手上反复研究，说明兴趣是比较浓厚的，这个时候销售人员上前不但能为顾客介绍商品，还能引导顾客说出感受和需求。当然，不要顾客刚一碰到商品就立刻出声介入，这样会把顾客吓到的，应当等待一会儿再温和询问不迟。

第四个时机：顾客与同伴谈论产品

还有一种情况，假如顾客是与同伴一起进入商店的，当顾客拿起某件商品和同伴认真交谈时，意味着想寻求关于商品的建议，这时也是销售人员介入的最佳时机。

第五个时机：四处张望，寻找销售人员答疑解惑

一旦顾客手中拿着商品，带着焦急的神色到处寻找导购员，或者主动出声向导购员询问问题，那就要微笑着上前服务了："您好，请问有什么可以帮到您？"

当销售过程中，顾客对我们置之不理时，不要着急，不要

沮丧，更不要对顾客死缠烂打，那样顾客会有戒备心理，甚至直接掉头就走。若是全然袖手旁观，顾客又会觉得销售人员不敬业，服务态度不周。所以，选择接近顾客的恰当时机是非常关键的。

顾客手部动作解析

古语有云："十指连心，而心主管神明。"人类的手指是十分灵敏的，可以充分表达感情。原始人类曾经用身体各个部位的肢体语言来进行交流，但在有了口头语言之后，很多最初的肢体语言都逐渐遭到淘汰，但手势语言一直使用至今。现代的科学研究也证实，手是人体中触觉最敏感、肢体动作最多的部位，连振幅只有 0.00002 毫米的振动都能够感觉得到。

很多人都习惯于在说话的时候比比画画，或者完全通过使用手势来表达自己的感情。事实证明，双手如何摆放，体现了此人当时的感情状态。观察一个人说话时伴随着的手部动作变化，常常能捕捉到他发出的各种信息。所以，销售人员在与顾客打交道的时候，一定要对顾客手部动作细节多加留意，从而判断出顾客的真实意图。

（1）藏起来的双手

如果顾客在和销售人员交谈时将双手藏了起来，这并不是在摆酷什么的，而是想对对方说：我不想再聊下去了，赶紧终止吧。如果顾客说话的时候把双手背在背后或插在口袋里，很有可能是想将重要的信息隐藏起来，或者有些想法并不想说出来。

推销活动中，顾客的所有神情和动作都会是他购买欲望的体现。如果顾客有购买需求，双手就会主动暴露在销售人员的视线之内。也就是说，假如顾客一边讲话一边亮出自己的手掌，就说明是表示认同，比较有意愿购买的；若是顾客没有购买意向，则会找理由搪塞或推托，双手也会被他藏起来，故意回避销售人员的目光。

（2）双手十指交叉

如果顾客在交谈时出现双手十指交叉姿势，就是一种典型的防御姿态，意味着对方可能受到过较为严重的伤害，也有一定心理阴影，销售人员要注意说法的分寸，给予对方充分尊重，尽可能取得对方的信任。

（3）紧握成拳头

假如顾客一边说话，一边将双手紧握成了拳头，那就代表其不愿意表达内心情感。此时，他是心潮起伏的，多半在生气或者难过，最好不要去招惹对方，应留给对方情绪缓和的时间，待其平静一些之后再交谈不迟。

（4）食指相对做尖塔状

当顾客在听取销售人员讲话时，有意地将食指相对做成尖塔形状，并不代表他对你这个人有什么兴趣，而只是你说的话他愿意听听，不排斥而已。

（5）握拳时拇指相扣

如果顾客做出握拳时拇指扣在一起这样的动作，就好像怀抱一样，说明对方有着很强的自我保护意识，可能觉得会有某种危险，自动地加以防范。

（6）用手触摸耳朵

销售人员在与顾客交谈时，如果对方出现倾听时用手触摸耳朵的动作，那就得注意，他对你的话可能连最基本的信任都没有，只会当一阵风，左耳朵进右耳朵也就出了。

（7）双肘支撑双手交叉

一个充满自信的顾客，也会用手部动作来表达他的心理状态。比如，双肘支撑双手交叉，或者十指交叉拱成塔状，都代表了他们的自信感。

（8）诚实的双手

如果顾客在销售人员面前是坦诚相对的，多数情况下会摊开自己的手掌，这是一种接受他人的姿势，代表他愿意迎合他人的意见。相反，一个手背向外的顾客，则多少比较保守，不善于接纳别人，自然也间接说明他是不够坦诚的，甚至会有点儿孤僻。当然，实际销售过程中一些撒谎者也学会了摊开手掌的方式，所以要求销售人员要结合语言、神情等其他方面加以灵敏的判断。

（9）固执的双手

销售人员在与顾客打交道时，可以悉心观察，假如顾客的大拇指是很僵硬的，其他手指却是伸直或握拳，看上去呆板得很有力度，就要明白这类人通常十分固执己见，要想说服他是很难的。

（10）不耐烦的双手

很多情况下，如果你发现顾客喜欢用手指轻轻敲击或重重叩击桌子等东西，那就代表对销售人员的讲话不太耐烦，只想早点儿结束，他好闪人。

（11）用手触碰鼻尖

假如顾客在讲话时不停用手触碰他的鼻尖，会是其没有做出明确购买决定时的常用肢体语言，意味着他的内心是犹豫不决的，没法给出一个确切的答案。

（12）手里不停摆弄东西

有的顾客在听销售人员说话或自己讲话时，手里会经常性地摆弄东西，这是一种缺乏安全感的表现，或者有些紧张不安。此外，也能表现出他稍微有点儿不太耐烦，需要给他时间再冷静思考一下。这类情况下的顾客是缺乏自信心的，只有在他认为听到的东西是实际的时候才会安心些。

（13）舒适的双手

一个感到购物氛围很舒适的顾客，通常会有沉稳有力而又流畅自然的手部动作，让人感觉不僵硬死板。同时，双手叉腰或者将双手交叉置于脑后，都是有安全感的体现，看上去舒服自在，毫无拘束感。

（14）小动作不断的双手

如果出现顾客双手细微抖动，不安地摆弄一些小物件，有压迫感地摩挲指甲，用手不停挠着头等情况，是在表示他已经烦躁不安。也许顾客内心的骚动在谈话中并不会有突出表现，但无意识间的小动作却会出卖他，并且双手那些不断的小动作是人们在压迫感比较强烈的时候经常会做的。尤其顾客用手摩挲面部的话，更是表明他对谈话的内容根本就心不在焉，无兴趣听。

（15）手不断插裤兜的动作

若是顾客时不时地将双手插入裤兜，但又很快取出来，然后再放进去，如此反复。这种顾客的性格会是凡事三思而后行，比较谨小慎微的类型。他们的心理承受能力较强，说话需要委婉一些，多给予鼓励，增强其信心。

（16）对说话内容的强调

顾客在与销售人员谈话时，只要一动嘴说话，就必定伴随着一个手部动作，比如摊开双手、拍打掌心、摆动手指等，都是想对其所讲的内容进行强调。此类人通常富有自信心，做事很果决，雷厉风行，性格很外向，也乐于与人沟通。

一个成功的销售人员，必定要懂得如何利用心理方面的知识，学会察言观色，通过顾客一系列的手部动作，了解其背后的真正含义，去探究顾客内心深处的消费心理，有技巧地应对，从而提升销售业绩。

张望判断真假顾客

销售工作是一个细致活，与形形色色的人打交道，需要掌握各种察言观色的本事，还要会玩攻心术。顾客的肢体动作是其第二语言，如何通过张望判断真假顾客，是一门技术活。

一个风和日丽的天气，手机专卖店的导购小罗正在店里忙前忙后，一抬眼看见一位年轻男士走进了店里，只见他一边往里走一边不停地四处张望。

这种情况下，无论对方是真顾客还是假顾客，以下应对方式都是错误的：

（1）继续闷头干自己的活，压根儿不搭理进店四处张望的顾客。如此把潜在顾客当空气的做法是错误的，会让顾客感觉受到冷遇，进而产生不满，对门店的服务产生不好的印象。

（2）直接询问对方："您好，请问想买什么手机？"这样问会给顾客比较大的心理压力，毕竟都还不清楚人家是否一定想在店里买东西，很可能只是路过随便看看而已。所以销售人员在挖掘顾客需求时，一定要尽量委婉、含蓄，避免使用"买"这样的敏感字眼，不然会吓跑顾客。

（3）开门见山地说："您好，我们有一款手机挺适合您的，来，我带您去看看。”顾客才刚跨进门，都还不知道顾客的真实需求，究竟有没有打算买手机，买哪个品牌的手机，就直接盲目给对方推荐，会给顾客强买强卖的强制性推销感，很可能会导致顾客感到不舒服，产生抵触和反感的情绪。

顾客走进手机专卖店后，小罗首先要对其不断张望的行为做一个基本分析。是对手机店的环境不太熟悉，第一次登门，需要先四处打量来寻找自己想看的目标品牌，还是由于购买力有限、性格懦弱等原因而有点儿紧张，或者说不够自信。

如果是这种情况，那说明他们可能是“真”顾客，只是比较“菜鸟”而已。小罗可以想办法让顾客不那么紧张，缓解其压力。先给予一个热情友好而又富有礼貌的招呼，同时暗示对方“您请随意看，我不打扰您”“买不买都没关系的”“有需要的时候尽管喊我，我会竭诚为您服务”等信息，来消除对方的不安情绪。通过营造轻松的氛围，可以让顾客在新接触的陌生环境里找到安全感，而不要急于直接向顾客推销和介绍手机。

在和顾客打了招呼之后，小罗需要在一边注意观察顾客的行为举止，如果顾客在店里逛了没一会儿，走马观花后就走人了，那就没有必要强行推荐产品，也没有必要刻意挽留。顾客短暂地一扫而过，也没有对某件手机产品表示出多一些兴趣，至多看看价格、型号，停留时间非常短，多半不是真正想买手机的顾客，而只是进店随便看看了解一下，没什么目的性，难以产生进一步的购买欲望。对这样的非意向顾客，顺其自然即可，虽然对方并不买东西，但要礼貌迎送，服务上展现微笑和真诚。

如果顾客进店时张望了一段时间，目光像是在搜寻某类产品，在看到后会直接走到相应的地方。比如对方要买华为高端机，先在门口扫视一圈，发现了华为的标志，立即靠近柜台，埋头细看手机模型，了解其型号、参数设置、价格，那就多半属于意向顾客。

此时，小罗就应当及时了解和挖掘顾客的需求，注重营销的方式方法。比如，可以先主动上前打招呼，与顾客拉拉家常寒暄一下表示一下热诚，以此为铺垫，询问顾客有什么需要帮助的地方，消除顾客的戒备心理。

但要注意的是，不能直接对顾客说“放松点儿，别紧张”，哪怕知道对方有点儿小紧张也不能直接脱口而出，也不要直截了当地向顾客介绍手机，尽量不要给其制造心理压力，让顾客感到有压迫感而找借口离开。

正确的应对方式，是要给顾客自由挑选的空间，在其需要时提供最体贴周到的服务，让顾客感到宾至如归，产生好感，下面再进一步往推荐产品的路子上引导。

若是顾客在张望时，眼神突然发亮，意味着其被店内的装修、陈设、产品、氛围等至少其中之一所吸引，就算是“假”顾客也会有兴趣进来瞧一瞧，真顾客就更不必说了。

想把张望的顾客吸引过来，要把下面几点做好：

第一，店面装修要醒目。别具特色的装修，别出心裁的设计，或高雅秀致或简约时尚或大气堂皇或柔暖温馨的格调，让人一看就觉得有品位、有内涵、有看头，是很容易引起顾客迈步入内的兴趣的。

第二，懂得用商品来博人眼球。如果卖服装，最新款、最漂亮的衣服要放在橱窗里展示给路过的顾客看到；如果开餐厅，要把已经进店消费的顾客安排在靠窗的位置和离门口不远的地方，显示出生意很好、饭菜美味、门庭若市的热闹景象……

第三，大力开展促销活动。如果店面正在搞促销活动，折扣力度大或赠送有价值的礼品等，也能够很好地吸引路过的顾客注意，尤其是当促销信息以海报、宣传单、横幅、KT 板、易拉宝等形式布置在店面内，让人一目了然。

第四，陈设整齐有序。当琳琅满目的商品以洁净、有序的状态在店内陈设开来，既新颖又品种齐全，而且价格公道的话，相信会在经营一段时间后赢得一些顾客的青睐而成为回头客。开店最重要的是产品好、服务好、讲诚信，你若坚守本分，顾客早晚盈门。

销售就是一场心理战，心与心的交流，没有硝烟的战场。门口张望的顾客，究竟会是纯粹路过的“假”顾客，还是进店消费的“真”顾客，要在打造好店面软硬件设施的基础上读懂顾客的行为，洞悉顾客的心理，从而区分出“假”顾客，留下“真”顾客，充分发现商机！

握手"触摸"顾客心灵

伟大的德国诗人歌德说:"有一种内在的礼貌，它是同爱联系在一起的，它会在行为的外表上产生出最令人愉快的礼貌。"

握手是我们生活中常见的行为动作，主要是在与人会面、离别、恭喜或道谢时表达情谊的一种基本礼节，行为双方通常是先打招呼问候，然后再握手致意。

一名合格的销售人员，必定是一名讲规矩的销售员。如果销售员对顾客亲切而有礼貌，定会是真诚的人，他的心能够与顾客的心靠得更近，而不是对顾客冷漠与排斥。掌握正确的握手礼仪，通过握手来"触摸"顾客的心灵，能够为销售工作锦上添花。

与顾客握手的方式，会影响顾客对销售人员的第一印象。那么，身处销售场合中时，应该注意哪些握手的礼仪礼节呢?

（1）握手的顺序

通常，顾客到店时，销售人员要先伸出手，微笑着道一声"您好"，表示对顾客的欢迎；当顾客离开时，则要等顾客先伸手，因为如果销售人员先伸手会有下逐客令的意味在里面。

在握手时，要遵循"身份尊贵的一方先伸手"的基本原则。

握手需要注意的规则是：如果下级与上级握手，要等上级先伸手；晚辈和长辈握手，要等长辈先伸手；男士和女士握手，要等女士先伸手。

（2）握手的方式

握手的时候，销售人员应当距离顾客一步左右，双足立正，上半身稍微向前倾，然后伸出右手，除拇指外的四指伸直并拢，与顾客的手相握时要双方虎口相交，再将拇指张开下滑。

销售人员在与顾客握手时，应当掌心向上，以示对顾客的尊重。因为掌心向上的握手方式，体现出了对顾客的真诚，若是伸出双手去捧接，则更显得毕恭毕敬。相反，握手时掌心向下，显示着该人的支配欲会比较强，似乎在无声无息地告诉对方，他处在一种高人一等的地位，从而是很傲慢无礼的。掌心向下的握手者，会给人目中无人的感觉，是非常不礼貌的。当双方的手掌都处于垂直状态，显得很平等而自然，是一种最普通也最稳妥的握手方式。

（3）不能戴手套握手

虽然某些场合下，女士可以被允许戴着手套与他人握手，但是销售人员在握手时不应当戴手套，以显示对顾客的尊重。此外，伸出的那只手也要避免出现手心出汗、太脏的情况，不然的话，顾客跟你握完手，手上就沾满了汗，或者手上有味道、变黑了等，下次谁还敢再跟你握手。

（4）尽量用右手握手

一般来说，大多数人通常习惯用右手拿筷子、拎东西、写东西等，右手的灵活度和使用频率会高于左手，与顾客握手时也要使用右手。即便销售人员是左撇子，也不能用左手。尤其有的国家的习俗认为人的左手是脏的，这个错误是千万不能犯的。单手相握时，应是伸出右手与客人握手，左手则自然下垂，切忌不能插在口袋里。

（5）要讲究握手的尺度

有的销售人员为了表示对顾客的热情和诚意，与顾客握手时显得十分用力，有的则为了显示清高，只伸出指尖与对方握手，都是很不妥当的。

因此，握手的力度要把握好，不能让人感觉力道太过，不但失了热情反而显得粗鄙。如果像电影或电视剧里面的高手过招一样，似乎将顾客的骨头都要捏碎般的握手，定会让顾客惊慌害怕，躲避不及。

握得太轻，像淡漠无趣地抹盘子一样，只是轻轻抓一下对方手指，顾客会觉得你是在毫无诚意地敷衍，在轻视他。尤其是女性销售人员，握手时一定要大方，而不要软绵绵、轻飘飘地将手递过去，看上去像握都懒得握似的，是很不尊重顾客的行为。在与顾客握手时，销售人员应当用手掌和手指握住顾客的手，再轻轻上下晃动即可。

另外握手的时间不要太久，3~4 秒就足够了，销售人员不要握住顾客的手就没完没了问个不停，尤其是异性之间。除了比较熟识的顾客可以稍微握久一点儿，以示真诚和热情外，一般握手晃个两三下就行了。时间过短，会像是走过场，毫无诚意，太长则显得有些假意。

（6）微笑目视对方

与顾客握手时一定要专注，目光正视对方，微笑着问好或致意，表示最大限度的诚意。不要东张西望、漫不经心，若是一边跟人握手，一边又与其他人打招呼，显得心不在焉，都是很不尊重人的行为。

（7）控制说话节奏

销售人员一边与顾客握手，一边可以适当简短地说些寒暄、问候、祝贺或感谢的话语。不要一句话都不说，也不要长篇大论、滔滔不绝、口若悬河、唾沫星子横飞，更无须点头哈腰，过分客套会显得比较虚伪。

（8）要站起来握手

有时候，我们看一些访谈类的节目或其他节目，会发现握手双方都是站立着的。哪怕开始是坐着的，但只要顾客一来，销售人员应当马上起身，站起来和顾客握手。因为坐着和顾客握手是很不尊重人的表现，这样顾客对你的印象会很差。

（9）不要马上擦手或洗手

当销售人员跟顾客握完手后，切忌将手往衣服上揩拭或用纸巾擦，也不要马上就跑去洗手，这会让顾客很不舒服，以为你在嫌他脏。

（10）不要跨门槛握手

当顾客前来或离别时，销售人员不要跨门槛跟对方握手，要么在屋外握，要么就在屋内握。握手时要自然，不要抢着跟人家握，也不能交叉相握。

握手的基本原则是尊重顾客，并根据顾客的性别、年龄、职业、身份地位等灵活性地加以运用。学好了握手这门礼仪，销售人员在与顾客打交道的过程中也能够游刃有余，增进彼此之间的距离，赢得顾客的好感和信赖。

顾客双手叉腰的暗示

大伟的朋友小D是一家品牌家电制造商的业务员，晚上下班一起吃饭时突然告诉大伟，白天他和顾客发生了点儿争执，结果对方突然就站了起来，双手叉腰，一副想打架的架势。

大伟停下手中的碗筷，问他是怎么做的。

叹了口气的小D说："很明显，顾客对我有些意见，或者说敌意。公司有严格规定，禁止业务员跟顾客打架，所以……"

身为社交达人的大伟道："顾客在你面前双手叉腰，摆明了是蓄意挑战，这种情况下，最好的应对方式是保持沉默，否则可能会将矛盾激化。"

说到双手叉腰，在很多国家的文化里都意味着愤怒、挑衅的意思，或者是质疑。反正各类肢体动作语言中，双手叉腰都是一种显示强势的符号含义。它表示行为主体折射出的内心抗议，有的观察家将之称作"一切就绪"，然而"挑战"才是其根本性含义。很多时候，我们会看到吵架的一方或双方常会使用这个动作，男人采取这个姿势会让人觉得比较勇敢有力量，而女性用这个姿势，却会让人觉得凶悍，比如泼妇骂街时的动作，双手叉腰是其中一个常见行为。

从双手叉腰的肢体动作起源推测，或许是古人在面对敌人时，张开双臂或者将其插在腰间，通过扩大面积的方式来对敌人产生威慑力量。虽然这只是一种未经考证的猜测，但在自然界中，不少生物都会采用这种方式来御敌。

由此推及人类，若有人在生活中习惯性地呈现出双手叉腰的姿势，基本意味着他这个人比较强势，在各个方面或某一方面显得咄咄逼人。不过，反过来讲，采取这种姿态应对，也可以某种程度上掩饰该人内心的不安和怯懦。两者看似矛盾，实则心理动因相似。

场景中，大伟知道小D的顾客双手叉腰这一行为是蓄意挑衅的意思，具有很强的攻击性，像是随时准备扑过来咬人一口似的。所以，他非常清楚小D要是和顾客继续争执下去会是个什么后果，于是，他停止了说话，安静地听着小D叙述。

“我虽然年轻气盛，但还是知道公司规定，也知道不能和顾客真正发生矛盾，不然到时可不好收场，闹不好我就要被炒鱿鱼了。”小D道。

就这样，不管顾客怎么说，小D都不再有过激反应，而是静静地听着顾客说的每一句话，任由顾客发泄。他努力维持笑容，还不慌不忙地给顾客倒一杯水，递过去说：“如果我有什么不对您都可以提出来，有什么话咱好好说……”

很意外的是，看到小D挂着的笑脸和谦卑的神情，顾客觉得自己再闹下去也没什么意思。后来，顾客也安静了下来，将双手往裤兜里插，走到沙发上坐下来，喝了口水。

说到这儿，大伟抬头迎着小D的目光问他一句：“究竟因为什么事让顾客那么不满、那么冲动？”

小D无奈地笑笑：“其实也不是什么大事，那位顾客购买公司的产品，非要加些霸王条款，价格还压得很低，让我们接受。按照公司的规定实在没法答应，但他一定要买那产品，不卖还不成，就故意找毛病挑刺，我最开始一急就跟他争执了起来。”

后来，在小D不妥协的态度下，顾客知道自己不能如愿，还是按照原来达成的协议，购买了公司的产品。一场看上去弥漫着硝烟的谈判就这样悄无声息地告一段落了。后来，顾客冷静下来后，认识到自己有点儿无理取闹、有些过分，还主动发信息为他不当的行为举止道了歉，向小D示好，事情也就有了个顺利的了结。小D说，顾客将产品买回去后，反响还挺好。

那么，一旦销售人员注意到顾客双手叉腰的举止时，要怎么样处理消除对方的敌意呢？

生活中，我们常常都会见到这样的情形：父母双手叉腰站在孩子面前，对孩子进行批评教育；菜市场，两个大妈为某件事起了冲突，双手叉腰地吵得不可开交。凡是以双手叉腰的姿势呈现，稍微有些心理学常识的人都知道，这一姿势代表着抗议和进攻。

面对顾客做出双手叉腰的动作时，如果销售人员与其硬碰硬，那结果多半是两败俱伤，这是谁都不想看到的局面。所谓“以静制动，以柔克刚”，若因为一些原因触怒了顾客，导致对方气愤不已，销售人员必须冷静应对，绝不可再火上浇油，唯有如此，才能较好地化解顾客的不满，把争议处理好。

上述场景中的小D就是运用了这一方法。销售人员一旦看见顾客做出双手叉腰的动作，就应用柔婉一些的方式来解决。不过要注意的是，双手叉腰这一动作在不同的情境下也有着不同的含义，所以不能完全一概而论，而应结合具体情境以及顾客在此之前的肢体语言来进行综合考量，以更好地对其心理作出准确的判断。

双手叉腰的姿势表示对立，此举不仅可以令顾客的身体占据更大的物理空间，在向外凸出时还能如武器一般震慑销售人员或其他人，阻止其靠近自己。

双手叉腰的姿势，以示攻击，该行为体现了心理上的自信。在双手叉腰的同时，双脚分开比肩膀略宽，会使人的整个轮廓膨胀开来，隐含着潜在的攻击性，也显示出顾客随时准备干上一架的状态。

双手叉腰的姿势，也被认为是成功者所特有的姿势。如果你的顾客比较有身份、有地位，是那种野心勃勃、不达目的誓不罢休的人，会喜好在销售人员面前处于强势地位。

先让顾客坐下来谈

这里以服务行业门店谈单的技巧，来说明“先让顾客坐下来谈”促成顾客达成购买意向的重要性。

门店作为一个单独的个体，在整个服务行业里其作用不言而喻。店员作为销售人员，必须有亲和力，着装得体，脸含微笑，举止优雅，善于揣摩顾客心理，并张弛有度地应对。

首先，当顾客进门后，除开什么也不问什么也不说的纯粹闲逛，只要顾客开口，销售人员通常三言两语的接触之下就会对其有个大概了解。趁顾客浏览商品的间隙里，销售人员为其倒上一杯水，然后邀顾客坐下来谈，这是非常重要的事情，只要顾客肯坐下来喝口水，和你交谈，那就意味着销售的真正开始。

记住，在门店里一定要坐下来谈，不要让顾客在门店里闲逛，那跟送客没多大区别。给顾客倒上一杯水，坐下来谈时要注意添水，当顾客杯子里的水不到三分之一，就要加水，并且，倒水不要超过杯子的三分之二。多留意水温的变化，根据季节的不同，哪怕顾客一口水都没喝，也应隔个三五分钟换一次水，同时在换水时不要离开顾客的视线。

与顾客坐下来谈单时，要记住多听少问的原则。顾客有疑问的时候要适当插话，说话时，不要太大声，而要尽量温和和轻声。越是轻声说话，顾客越会细心听；越是大声说话，顾客反而会被分散注意力。

下面以婚庆公司门店为例进行场景展现。

店员小高看见一对年轻情侣模样的顾客朝店面走来，便赶紧起身，亲自开门将顾客迎进来。

小高："先生、女士，你们好！"

顾客马先生牵着未婚妻问小高道："你们这儿的婚庆服务都有些什么样的呀？"

小高："我们这儿的婚庆服务产品样式挺多，麻烦随我来，可以先坐下来看看我们之前的一些作品。"

马先生："好的，那我们看看。"

小高将两人引到茶几后的沙发上坐下，将准备好的婚庆作品宣传册每人给了一本，于是马先生和未婚妻就低头仔细翻了起来。

这时，小高询问马先生及其未婚妻："先生、女士，请问你们想喝点儿什么？咖啡、橙汁、普洱、绿茶还是白开水？"

马先生："谢谢，一杯白开水就行。"

女士："那给我来杯咖啡吧。"

趁两人看宣传册期间，小高将白开水和咖啡端到茶几上，放在两人面前，两人连说"谢谢"。

这时，小高在对面坐下来，拿起一本宣传册，对马先生及其未婚妻道："先生，女士，你们看，这是我们上个月在××宾馆做的。这对新人很有想法，我们前后为他们的婚礼策划了三个月左右，也取得了让新人很满意的效果，现场很漂亮、温馨和浪漫，给到场的宾客都留下了很难忘的印象。”

小高一边讲，一边用眼角余光观察两人的表情和翻看作品的位置。

这里要注意，介绍给顾客看的作品，一定要很有档次，也就是有品位、有格调、拿得出手。在不清楚顾客喜好的情况下，千万不要很武断地直接将某件产品推荐给顾客，意思你们选这个就行。代替顾客做决定，是很莽撞而又不尊重顾客的行为。要注意观察顾客喜好哪一类的作品，问你些什么问题。哪怕只是一句话，也要用心地记录下来。

小高是个比较细心的人，门店谈单时都会随身准备好专门的笔记本和签字笔，顾客说的每一句话，都及时记录下来。虽然店员记录些什么，顾客并不会去看，但却会下意识地觉得门店很重视他们，也很认真地对待他们。

小高根据马先生两人的穿着打扮和言谈举止，开始向他们询问一些初级问题，比如计划在什么时间结婚，想在哪个酒店办婚礼。尤其是后一个问题，这信息很重要，既可以堵塞顾客想在小区举办婚礼的话语，也可以由此来判断对方的身份和地位，含有一语双关之意。只要顾客说出酒店名称和预订桌数，基本可以判断得八九不离十。选择的酒店档次，五星、四星、三星还是一般饭店，透露了顾客本身的经济实力。酒席数量的多少也展示了他们社交圈的大小。比如顾客说在某低档酒店举行婚礼，宴席一桌 500 元左右、预计 20 桌左右，这是一般老百姓的婚礼框架。

当马先生回答后，小高道:“哦哦，× × 酒店呀，一个挺豪华的五星级酒店。二位的眼光挺不错，我们在那里为顾客策划过好几场婚礼。那里的三楼有一个很大的宴会厅，可以容纳 1000 人以上，可以做得很隆重。您看，这是我们去年在 × × 酒店做的一场婚礼。”小高将平板电脑拿出来，打开相关的照片和视频给马先生两人观看。但要注意，让顾客走马观花似的大致浏览，而且是纯粹的作品观赏，将最精华的部分或片段呈现给他们即可，一般不要超过 3 分钟。并且要用眼角余光时刻观察他们，顾客是睁大眼睛认真地在看，还是兴致寥寥，只是敷衍应付，或者很茫然。

根据顾客开的车、穿衣服的品牌、戴的手表、提的包包、预订的酒店档次及酒席数量等信息，小高给他们选择观看的是比经验判断价格更高一级的婚礼。也就是说，如果与顾客匹配的是 2000 元标准的，那就给他们看 3000 元标准的，要留出余量，并且不要直接告知价位。

通过观察顾客翻看的作品位置和关注程度，小高心里很快有了谱。让马先生及其未婚妻看过三个左右的选项后，两人就其中一个作品表示出了较为浓厚的兴趣，主动向小高了解各方面的问题，并征询价格。

插话、收回、换话、再插话，以及夸奖、激励、评判某作品等方式并用，再恰当地报价之后，马先生两人终于被小高说动了，预付了定金，将他们的婚礼交给了小高所在的门店来做。而小高，也初步拿下了这一单，但后续的追单，把控全流程，用心维系顾客也很重要。

综上所述，先让顾客坐下来谈，就有了接下来的营销策略和成单可能，这对做销售工作来说是很重要的基础步骤，不仅对婚庆行业，对其他行业也是如此。

爱面子的顾客有哪些表现

俗语有云:“人活一张脸,树活一张皮。”在意涵丰富的中文词汇中,“面子”可以说是一个很古老的概念,代表着一个人的人格、体面,甚至是尊严。

爱面子,是人的天性使然,也是中国传统文化中的一种典型社会心理现象。中国人的面子思想比比皆是,甚至世界闻名,可见面子对国人的重要性。伤什么不要伤人的面子,给人面子就是尊重和礼敬对方,要是丢了面子,那就是大大地有辱尊严,会感到很不堪。

从心理学的角度讲,好面子反映出人们爱好虚荣、喜好被恭维的心理弱点。

刚工作没多久的青年小鹏,想尽各种办法好不容易追到了女孩静静。在静静成为小鹏的女朋友后,两人一起逛街、看电影时遇到的情形,让小鹏不由得感叹自己栽在了“面子”的手里。

周五下班后,小鹏约上静静一起吃晚饭,饭后两人准备去看场电影。一路上小鹏对静静呵护备至,生怕惹静静不开心。

途中两人经过一家花店，门口吆喝的店员一看小鹏牵着静静的手正准备路过，便忙对他们说："帅哥，你女朋友长得真好看，为她买束鲜花吧，这样就锦上添花了！"

碍于面子的小鹏只好开口："这玫瑰花怎么卖的？"

"66 元一束。"

"这么贵啊，别家都只卖 48 元呢！"

话一说出口，小鹏就看到旁边的静静嘴角似乎撇了撇，显得不太高兴的样子，估计心里在想："你连 66 块钱的花都舍不得送我，那还舍得什么？"

小鹏赶紧强颜欢笑地掏钱准备将花买下。

谁知这时候店员却捧起另一束更大更娇艳一点儿的玫瑰花对小鹏提议道："帅哥，我看这一束花更美，更配你女朋友呢！"

这下小鹏二话不敢多说，立马点头想将花买下，结果店员却说："不好意思，帅哥，这束花要比刚才那束贵一点儿，得 88 元。"

如此两次三番地变着花样营销，小鹏在面子面前败下阵来，只剩下乖乖挨宰的份儿。

有调查数据显示，90% 以上的人都或多或少比较注重自己的面子。爱面子的人，就算对某事某物一无所知，也会夸夸其谈吹牛皮，哪怕工资少得可怜也要抢着付钱，即使囊中羞涩也要在女朋友面前装大方，故事中的小鹏就是其中一个。花店店员正是利用了爱情中男生好面子的弱点，通过言辞上的技巧，十拿九稳地让小鹏买下贵一些的那束玫瑰花。

既然“爱面子”的观念时常支配着人们的社会行为，那么销售人员想要提高自己的业绩，就得充分考虑到顾客爱面子的问题，在与顾客打交道的过程中，也要注意给顾客多留面子，尊重顾客会大大提高成交的概率。

顾客的意见无论有无道理，无论对还是错，无论深刻还是肤浅，销售人员都不能表示出轻视的神情，更不能直白、生硬地对顾客说“你是错的”“这么简单的问题都搞不懂”“你还没明白我的意思，我是说”……这样对顾客讲话，明显是贬低顾客抬高自己，让人感到不舒服不说还会伤害对方的自尊。

如果伤害了顾客的面子，就算你讲得再有道理，顾客也听不进去。如此一来，彼此弄得不愉快，顾客不认同，沟通也难以继续进行下去，最终让顾客白白流失掉。

有一个美国的专家通过对多达数千名的销售人员进行调查研究发现，优秀推销员遭遇顾客严重反对的概率只是普通推销员的十分之一。为何出现这么大的差距？其实，原因正在于优秀推销员懂得在恰当的时候就顾客的异议给予满意的答复，会照顾顾客的面子，让其觉得舒坦。

一位年轻女士在某国有商场购买了一个金灿灿的黄金手镯，本是满心欢喜，没想到才刚刚过去一个星期，一直戴着的黄金手镯表层就出现了一层灰蒙蒙的雾气，明显变了样。于是，该女士怒气冲冲，到商场里面将黄金手镯脱下来扔在营业员面前，大吵大闹，当场要求对方退货：“你们还是国有商场，卖的什么假冒伪劣商品，这手镯太劣质了，简直坑人！”

然而，面对这位顾客的火气，当时负责销售给她这款黄金手镯的营业员并没有生气，而是耐心地听她发泄完不满，再和颜悦色地向她询问："女士，想问下您是做什么工作的呢？"

"化学制剂厂，怎么了？"那位女士眉毛皱起，火气尚未完全消下去。

"那您平时上班也戴着这黄金手镯吗？"

"当然是戴着的。"

话问到这里，营业员就立刻明白了，于是亲切地对那位年轻女士道："这黄金手镯，我们可以帮您恢复原状，不过建议您以后上班时最好不要将它戴在手上，以免让它受到化学试剂的腐蚀，产生化学反应后会影响手镯的观感。"

很快，营业员从柜台里拿出酒精灯，对年轻女士购买的黄金手镯进行烘烤，不久后，手镯就恢复了本来的面貌。直到此刻，年轻女士的脸色才由阴转晴，拿着光亮如初的黄金手镯小心翼翼地戴好，心怀愧意地对营业员道歉："实在不好意思，刚才是我太心急，没有搞清楚实际原因就……"

一脸笑容的营业员道："没有关系的，您的心情我十分理解，以后要是有什么问题，请随时联系我便是。"说完后，还亲自将年轻女士送到了门口。

从上面的事例可以看出，正是因为营业员在面对顾客的怒气时表现出了足够的耐心，照顾到了顾客的面子，而且还将顾客的产品问题快速解决并给出了合理的建议，如此才能云淡风轻地将彼此之间的矛盾轻松化解。

批发商托尼先生因为推销员送货上门的时间太迟，而对其大发雷霆：“你这是怎么搞的，迟了这么久才送过来，我看你是不想收钱了是吧？我的老主顾因为没买到你们的货十分着急，都跑到其他地方买去了，你让我还怎么做生意？”

看到怒容满面的托尼先生，聪明的推销员立即向其致歉：“真心对不起，都是我们的错，是我们送货太慢了。您的客户因为买不到我们的货而着急，那说明我们的货在您这儿卖得挺不错，您不高兴是应该的，换作是我也会生气，对此我深表理解。”

说完这句话后，推销员发现托尼先生的气消了一点儿，就接着问对方送货迟了多长时间，造成了多少损失。待托尼先生的脸色和缓很多后，再让其回想一下之前的送货情况如何，有没有出现过延迟的情况。

托尼先生这才冷静下来，想起以前对方都是准时送货的，只有这一次出现了迟延，刚才发了那么大火，确实有些过头了。此时，推销员才解释，这次的货送晚了，是因为订单太多，厂家一时赶不及，才导致为批发商送迟了。这次是特殊情况，以后会尽量避免类似的事情再次出现。

由于推销员的态度诚恳，且过错并不全在他一方，所以托尼先生也就没有再生气，所谓的冲突自然就消解了。这位聪明的推销员面对顾客的责问，并没有直接解释原因，而是一步步地从其他话转入正题，给予顾客思考的空间，渐渐把火气消下来，从而化干戈为玉帛。这也是巧妙地让顾客有台阶下，避免让顾客觉得尴尬，从而陷入两难境地。

可以说，恰到好处地给顾客留面子，让顾客觉得自己是赢家，从销售人员的服务中获得尊重，感到快乐，是一条不可多得的生财之道。

顾客的犹豫不决源自哪里

商品销售过程中，虽然销售人员已经将产品或服务的各方面信息都向顾客介绍得很清楚，对方在价格或质量上也没有表示出什么异议，但却在该付款的时候用“我再考虑考虑吧”“我回去再想一下”“我再问问别人”这样的话语来拖延或婉拒，这意味着顾客并没有真正下定决心购买。

虽然销售人员在面对意向顾客，尤其成交信号比较明显时，总是希望能快速成交，但仍然会时不时出现顾客“临阵脱逃”的情况。这种现象在现实中经常都会遇到，而该类顾客也被称为“犹豫不决型顾客”。

一旦顾客撂挑子不买，那前面所做的所有努力都将白费。市场上，任何一件产品或服务的同类可替代商品都不少，甚至数不胜数，顾客不买你家的就会买别家的。如果顾客在选定产品或服务后只剩下最后的付款这一步，却在这时发生变动，放弃购买也是常见现象。

为了不使煮熟的鸭子飞掉，让犹豫不决的顾客下定决心购买产品，销售人员需要学会坚持快速成交的原则，适度运用“逼迫”之法，做好“临门一脚”，促进成交的实现。

顾客在决定买东西之前，总会通过网络、亲朋好友等渠道了解一下与产品有关的信息。比如大雄想换一部 iPhone X，买手机之前喜欢在网上多查一查，看一下其他使用者发布的一些评论，也会向其他人了解使用的感受。当他走进实体店，准备购买苹果手机时，之前所了解的外部信息就会或多或少对他产生一些影响。

所以，在销售产品的时候，一定要想办法提高成交速度。因为影响成交的因素很多，越是拖久了，顾客一旦犹豫不决，出现意外的概率就会增大，很可能会因为一些自己了解到的信息而决定不买了。只有真正成交了，一手交钱一手交货，外在信息所产生的影响才会降到最低。所以打铁要趁热，成交要尽快。

要搞定犹豫不决的顾客，就得进行"逼单"，并且逼单要有方式方法，不能操之过急，也不能慢吞吞的。比如，销售人员可以拿出之前就已经准备好的合同，直接递给顾客："××先生，经过我们的多次反复沟通，相信您对我们的产品已经有了充分的了解和认可，现在可以把合同签了吗？"说着就将合同递给对方。

这种"逼单"方式最简单也最符合情理，不过，现实情况总会或多或少更复杂一些。下面就举几个对犹豫不决型顾客"逼单"的方法案例。

（1）有的顾客本身是有购买意向的，就是不能真正下定决心，显得患得患失。这时，销售人员可以尝试引导顾客的思维，进行有效的诱导，并完成交易。

比如很多顾客本身明白创建一个官方网站对于公司的品牌和形象宣传是有益的，但却因为认识的欠缺，在是否请人制作网站上显得犹豫不决。

这时，网站销售人员就应当抓住时机，对顾客说："先生，我们可以先给您做一个简单的网页看看，你先感受一下效果如何，如果觉得还不错，可以在此基础上，根据情况进行后台添加即可，不失为一个比较保险的方式。当然，您也可以尝试着把网站的架构全面搭建起来。我感觉您很有主见，属于那种一件事情要么不做，要么就要做到最好的人。实际上，做个公司官网的费用也不多，您觉得呢？"

这样给顾客提建议，不知不觉中就将对方的思维往自己这方面引了过来，接下来顾客所考虑的问题就已经不是做不做网站的问题了，而是怎么做才更好的问题，由此合作协议也就很容易达成了。

（2）有的顾客对产品是很认可的，不但兴趣较为浓厚，也没有表现出什么不满意，让销售人员以为签约会是板上钉钉的事。哪知道，顾客却拖拖拉拉地不付款，显得很犹豫。

若是遇到这种情况，销售人员可以尝试一下"欲擒故纵"的法子。当顾客下不了决心时，销售人员可以装作很平静、很无所谓一样，慢慢收拾好自己的东西做出要走的架势。也就是在收拾东西的这一小段时间内，顾客就可能心一紧，拿定主意，和你将单子成交了。

不过，这种攻心的战术，需要在适当的时间和场合下才能运用，否则就很容易被同行钻空子，白白地把便宜给捡了去，到时后悔都来不及。

（3）如果销售人员费尽九牛二虎之力，也没法让犹豫不决型的顾客下定购买决心，可以用“拜师学艺”的招数来以退为进。

比如这样对顾客说：“先生，您也知道我们的产品质量挺过硬的，其他方面也符合您的需求，也许是我有做得不对或不好的地方，我也就不强迫您购买，不耽误您的时间了。不过在我放弃和您合作之前，还想请您给我提点儿意见，指出一下我做得不到位的地方，这样可以帮助我改进，在以后的工作中得到提高，谢谢您。”

以虚心求教的态度询问顾客，不仅可以一定程度上满足顾客的虚荣心理，也可以缓和一下由于顾客犹豫不决不肯签单的尴尬氛围。当顾客看到销售人员如此谦逊的态度时，就可能愿意给你指出在他看来存在的问题，一边会给予你安慰和鼓励，说不定接下来又会有合作的可能。

（4）出现顾客犹豫不决下不了购买决心的时候，销售人员还可以站在顾客的立场上找出真实原因，主导解决问题。比如说，你需要买一台多功能榨汁机，首先要考虑的是哪种品牌的榨汁机能更好满足自身需求；其次，你要摸清楚产品的质量有无保证、性能如何、保修期有多久、价格是否合理等各种问题。只有当各种条件都符合你的要求之后，你才会最终下定决心购买，欢欢喜喜地把榨汁机抱回家。

第五章

手机中的顾客心理

手机让人与人之间的沟通变得更加方便，这种只能通过语言来探索顾客心理的方式，让销售变得更加困难。但作为主流趋势，手机将成为未来重要的销售沟通手段。想解决手机销售方式中出现的困难还是有迹可循的。

顾客匆忙挂断，随后又回拨

从事电话销售工作的业务人员，每天都会遇到各种各样的状况，在打通顾客电话后，正准备开口讲话或者没等自己说完，就被顾客给匆忙挂断了，这应该是每个销售人员都经历过的事，几乎像家常便饭一样平常。

不过，有的顾客在接到电话时匆忙挂断，但随后又根据来电显示回拨过来，询问："您好，刚才我正在 ××，是您给我打过电话吧？"

销售人员在接到顾客的回拨电话时，首先要做的是根据回拨号码确定回拨的是哪位顾客。当然，如果在给那位顾客打电话到顾客匆忙挂断，再到顾客回拨的过程中，销售人员没有给其他顾客打过电话的话，那就能直接反应出顾客的名字；如果接连给不同的顾客打电话，其他顾客没有拨通时，就要立刻接起该顾客的回拨电话；如果顾客回拨过来电话，销售人员却正在和其他顾客通电话时，那就只能待电话结束后，再次给这位顾客回拨过去。

有看过电视剧《猎场》的观众应该会记得电视剧中有这样一段话，当销售人员第一次给陌生的顾客打电话时，需要做到下面的三件事：

第一，销售人员应当把准备跟顾客说话的内容提前写在一张纸上，也就是营销话术要预先准备好，这样做的好处是在与顾客通话时确保思路清晰流畅，说话有条有理，并且让电话另一端的顾客感觉到你底气十足，而不至于手足无措、结结巴巴，从而有一个良好的开始。

第二，销售人员必须知道顾客是谁，他的基本情况如何，有什么样的性格特征，做着什么样的工作，这是需要事先做好的功课。你要是不清楚回拨电话过来的是谁，还需要问顾客“请问您是哪位呢”，那就显得你根本就不重视顾客。顾客会心想，既然是你刚才给我打过电话，那还不知道我是谁？打的电话太多了吧？不知道是谁就算了，瞬间就有挂断电话的冲动。

第三，销售人员必须有一个平和的心态，充满自信心和面对拒绝、挫折、打击而百折不挠的毅力。要明白，做销售充满挑战并不是一件可耻的事，一个优秀的销售员会有一个成功的人生。

匆匆挂断电话的顾客，很可能是因为正在开会、开车、吃饭、打球、购物、乘飞机、出差等，他的情绪和状态会是各式各样的。顾客当时因为某种原因匆忙挂断了电话不要紧，作为销售人员，过段时间可以再打。若是在销售人员重新拨过去之前，顾客在挂断电话后不久就回拨过来了，说明他记住了这个未接来电，猜测对方可能是朋友或是其他人，至少他对这个电话是有一定印象或重视的。

在顾客回拨过来电话，销售人员确定顾客是哪一位后，就展开了与顾客的初步沟通：“是 ×× 先生吧？很抱歉刚才打扰到您，我这边是……”

开始的时候顾客可能会提出诸如“你有什么事吗”这样的反问，而销售人员的应对策略只能有一个，那就是不要成为顾客所厌烦的人，一旦被厌烦，那就没戏了。

通常情况下，面对低到百分之一、千分之一甚至万分之一的成功概率，哪怕顾客回拨过来，也很可能因为一听是推销电话而立即再次挂断。若是顾客一听销售人员开头的讲话就表示拒绝，或电话快结束的时候提出异议，销售人员也不应早早地就缴械投降，放弃任何努力。相反，面对拒绝时要学会鼓励自己，发挥不畏难的精神，坚持与顾客沟通。还有一点很重要，就是要积极进行自我反省——哪里做得不够好，应该怎样讲话才能吸引顾客，等等，从而迅速改变策略，及时调整沟通方法。

很多销售人员在与顾客通电话时，总是会滔滔不绝地向顾客夸耀自己的产品有多么多么好，多么多么值得购买，而压根儿不去理会顾客怎么想。顾客在听你讲电话时，其实也在消耗他的时间，那为什么要继续听你说下去？

面对很多推销电话，一般人的反应都会觉得推销的内容对自己没用，或不感兴趣，甚至显得很不耐烦，要么直接挂掉电话再也不想听下去了，或者礼貌地说一声：“不需要，谢谢！”

销售人员在主动讲话的时候，就已经处于被动的位置，等待被顾客决定直接拒绝还是继续聊下去的命运。若想顾客不在短短的时间内挂掉你的电话，那就要掌控通话的主导权。如何主导和顾客的通话？销售人员需要根据营销目的，针对顾客设计出一系列的提问，在与顾客通电话时，根据事先准备好的提问，引导顾客进行回答。

销售人员应充分理解自己推销的内容：能够为顾客提供什么帮助，带来什么好处，满足什么需求。开场白很重要，比如："您好，我是知名家具品牌 ×× 的销售代表，现在正在做一个调查问卷，想请问您几个问题可以吗？"在向顾客介绍自己的品牌时，广告宣传词要统一，如此可以不断强化和加深顾客对品牌的记忆。

注意不要自作聪明，说出类似"我知道您为什么会这样想"的话，也不要跟潜在顾客争论，哪怕他们的意见并不客观，也尽量不要说"虽然……但是……""就算是这样""也许您说得对"等让顾客感到不中听的话语。要知道，顾客能够在匆忙挂断后再给你回电话过来，已经是给了不小的机会，就看这营销机会销售人员能否抓得住。或许顾客之前不知道这是个推销电话，或许哪怕是推销电话他也不排斥。

通电话时，销售人员一定要注意感受顾客的情绪，对方从电话那端传递出来的究竟是快乐还是烦恼，是喜悦还是忧愁，是轻松还是紧张，是不厌恶还是排斥。让顾客和你通电话感到轻松和快乐，也就有了继续聊下去的机会，这是迈向成交的第一步。

详细询问之后却没有表示

娇娇是个很喜欢逛街的白领女孩，只要有空就喜欢自己一个人或拉着好友一起去逛商场，从这家商场走到那家商场，从这个专卖店走到那个品牌店，但往往逛了大半天，转了很多家店，仍旧是两手空空地进去两手空空地出来。

娇娇逛街并不是那种走马观花似的，每进一家店，看到自己感兴趣的商品，无论是衣服、化妆品，还是包包、鞋子，都会停下来仔细看看，用手摸一摸或者试穿，有的她还会比较来比较去，拉着店员问东问西，直到把该了解的信息都了解清楚。

如果你以为这样娇娇就会把东西买下来，殊不知娇娇就一件商品问完价，跟导购员讲了很多，还是对付款只字不提，“挥一挥衣袖，不带走一片云彩”，潇洒地离店而去。

为什么会这样呢？有一次，娇娇略带神秘地透露了她只问不买的缘故。

“原因有很多呀，我感兴趣的商品，有的价格太贵，有的我不是很满意，有的也挑不出什么毛病吧，但却总感觉少了点儿什么。有时候我纯属只是看看而已，了解了解市场行情，并没有购买的计划。还有就是我本来在用着的，暂时不急着买。只有让我特别心动，让我觉得值得买的，我才会掏钱。”娇娇的话，实际上反映了很多顾客的心理。

顾客详细询问某商品之后却没有表示是销售人员常会遇到的情况。要搞定只问不买的顾客也存在很多销售技巧。事实上，只有销售人员与顾客沟通得和谐融洽，在情感上取得了对方的好感和信任，产生共鸣时，顾客才会真正接受你，愿意花时间与你沟通，继而接受你的产品。

探究顾客只问不买的原因，通常情况下主要有以下几种因素：

（1）顾客不接受产品价格

很多时候，顾客觉得产品价格高是一种本能反应，谁都想价格低一点儿，再低一点儿。此时，销售人员不要直接去否定顾客，觉得顾客太挑剔，也不要直接给顾客降价，应该通过沟通的技巧来询问顾客，分析其购买意向和心理活动。

人都有利益最大化的想法，除非顾客的购买动机十分明确，否则不要在价格方面轻易就让步，也不要用降价的方式来吸引对方。越是主动降价，越会让顾客觉得产品不值那么多价钱。同时降价也会让顾客心生疑虑：产品的成本是不是很低，压价空间是不是还很大。

（2）不了解顾客的心理需求

当你还没与顾客建立起良好的信任关系，顾客虽然会主动询问很多关于产品或服务的问题，但并不一定会表达自己的真实意图。只有销售人员在对产品有足够熟悉和了解的基础上，用心对待顾客，能够很专业地回答顾客提出的问题，才能让顾客放下心来。

成交最大的问题在于信任问题，而最后的障碍是风险问题。若是被顾客问询时销售人员回答得含糊其词，甚至还要找同事来救场，顾客自然要对你的服务和产品本身的评价打折扣。有的时候即便顾客对你信任，还是不会急着将产品买下来，那就需要销售人员找出顾客顾虑的地方究竟在哪儿，消除其心中的疑问。

有句话说得好："装在口袋里的钱才叫钱。"面对只问不买的顾客，可以为其设置一个购买期限，增加其紧迫感："我们的产品最近正在做五折促销活动，您也看到，活动再过两天就结束了，到时会恢复原价，再买就享受不到这么大力度的优惠了，建议您好好考虑一下。"顾客听到后，"过些时间再买"的想法或许就会打消了。

作为销售人员，给顾客赠送免费的礼品，让其感到高兴或者说捡了便宜，也是一个比较有效的搞定顾客的法子。同时，也要说明礼品的赠送是有期限的，不然顾客会觉得产品太廉价，从而也对礼品失去兴趣。

还有，人们有喜欢凑热闹的习惯。一大早去店门口排着队买苹果手机、买网红烤鸡等现象层出不穷，反映出严重的从众心理。这一心理作怪会使很多顾客失去独立思考和判断的能力。销售人员也可以利用顾客的从众心理，告诉详细询问之后却没表示的顾客，这款产品很多人都在买，很紧俏，现在库存已经不多，用实例来说明要是不趁现在买后面就难以买到了。这样一来，对产品感兴趣的顾客很多都会心动，选择及时购买的概率就会一下子提升不少。

为什么顾客不肯加微信

近几年来，微信日益普及和流行，已经成为我们生活中最重要的社交工具之一。使用微信与人聊天、发群消息、发朋友圈、推送公众号文章等，不但具有良好的便捷性与及时性，其沟通成本和宣传成本也几乎为零，对产品营销来说也是一个很好的渠道。很多商家都相当看重微信这一超级社交平台在吸引顾客、留住客源、塑造品牌形象、提升品牌知名度和美誉度、促进业绩提升等方面的作用。

对顾客来说，添加商家为微信好友可以及时咨询相关的问题，对购买的产品或享受的服务进行反馈。可以说，添加微信好友对商家和顾客都是一件有用的事。

然而，不少顾客因为各种各样的原因，并不愿意添加商家或销售人员为微信好友，究竟是为什么呢？总结起来，顾客不肯加微信通常有以下一些原因：

（1）怕被骚扰

不可否认，现实情况中很多商家或销售人员在添加了顾客为微信好友后，经常会找顾客聊天，发些营销信息给顾客，甚至狂轰滥炸，或多或少地影响到顾客的日常生活，令其产生反感的心理，所以很多顾客都不愿意因为加了微信而受到骚扰。

（2）怕失去主动权

顾客同时也担心加了微信好友后，就可能随时被动地收到很多推销信息，在商家或销售人员各种营销方式的诱导中打乱自己的决策节奏，进而失去购物的决策主动权。

（3）担心泄露个人信息

很多情况下，顾客的微信号就是自己的手机号或者与手机号绑定，商家通过微信号就能搜索到顾客的手机号。因此顾客会担心自己的个人信息遭到泄露，给生活和工作带来不必要的麻烦。

（4）怕在不方便的时候接到语音或视频电话

由于微信有发送语音和视频电话的功能，如果顾客在开会、开车、出差、讲课、休息等不方便的情况下接到商家发来的语音或视频电话，会感到被打扰或造成不便，对商家也会产生抵触情绪。

（5）商家缺乏合理或正当的添加理由

商家在添加顾客为微信好友时，时机不太合适，或者话术比较生硬，甚至不顾顾客的拒绝而强行加好友，添加理由既不正当也不合理，顾客自然不愿意通过好友验证。

（6）顾客并非真正的意向客户

有的顾客只是到商店随意闲逛看看而已，并不是真的想买东西，如果商家要添加微信，顾客自然不会答应。

能够添加顾客微信本身是一件比较重要的事，要以什么样的理由打动顾客，让顾客可以主动或愿意添加商家或销售人员的微信呢？大致有以下几点：

让顾客感觉能够在你身上学到一些有用的东西；

让顾客觉得能够通过你认识更多有价值的人；

让顾客觉得你的专业和经验能够给予他帮助，你提供的服务也是他所需要的；

让顾客觉得你是真诚的、可信任的，可以像朋友一样交往，也可以资源共享；

让顾客觉得你的产品或服务是优质的，刚好是他所用得着的。

简而言之，如果你能为顾客提供价值，他们才会真的愿意添加你为微信好友。

要为顾客提供有价值的东西，就要抓住一些能够成功添加顾客为微信好友的关键时刻：

（1）坐下来聊天时

商店里如果有休闲区域，可以找机会邀请顾客坐下来适当休息。在与顾客攀谈的过程中，销售人员趁机提议加个微信好友，还可以顺势给顾客介绍，自己的顾客群里有多少个成员，大家平时经常交流些什么内容……如果顾客认识的一些朋友也在群里的话，成功概率就会更大一些。

（2）领取活动礼品时

商家在开展“来店有礼”“购物有礼”“节假日惠顾活动”等促销活动时，可以要求顾客先添加微信好友，再领取活动礼品，这种情况下顾客一般会加微信。

（3）询问优惠活动时

如果顾客向商家询问有没有什么打折、买东西送赠品等优惠活动，销售人员可以提出加微信好友的请求，在有促销活动的时候及时通知他们，有什么赠品也要想到他们。

（4）套近乎时

如果顾客是老乡，或有某种共同的兴趣爱好时，可以对顾客说“既然咱是老乡，那以后就多多联系”“你也喜欢背包旅行的话，以后可以结伴一起”这样的话，拿出手机添加对方为好友。成为微信好友后，可以在不同的节气提醒他们注意休息、保重身体，等等，真诚对待顾客，与他们用心交流，彼此建立起信任。

顾客的不回复表达什么

小艾是做销售工作的，打电话聊天时说起最近的问题很是困惑，微信上添加了不少顾客，部分顾客还亲自去拜访过。他想通过微信和顾客多聊聊天，但总是不知道找什么话题比较好，发出的信息顾客通常都不回复。

如何展开话题呢？小艾试着去找顾客的需求点，但也没找出什么来。自己想不明白是信息的内容有问题，还是别的其他什么原因。

于是小艾语气沉重地问："我该怎样去跟顾客用微信聊天呢？怎样让顾客搭理我呢？我担心要是一不小心把顾客搞烦了，顾客把我拉黑了怎么办？"

小艾这种情况是很多销售人员都会碰到的。顾客的不回复，意味着对销售人员非常缺乏信任感，交流没法推进下去。若是采取发微信的方式没有任何收效，原因可能是内容不够好，也可能是数量不够，或者时机还未到。

销售人员应当专心做好顾客的人情化沟通工作，若是遇到顾客压根儿不搭理、不回复微信信息，就要及时反思自身存在的问题，改进与顾客沟通的方式。

要明白，每个顾客都不容易，销售人员唯一能做的，是用自己的真诚、善良和专业，尽可能帮助到每个信任自己的顾客。最好的相处方式是：你懂我的艰辛，我懂你的不易，无论成与不成，交个朋友总是可以的。

拿微信来说，添加了顾客为微信好友，就可以通过他们的朋友圈动态了解顾客的信息，比如兴趣爱好、家庭生活、工作情况、交际圈子、喜欢转载的文章类型等。你可以多给顾客点点赞、评论，刷下存在感，但要注意的是，千万要注意频率和言辞，不要讲得太过做作和讨好。

懂得研究顾客，熟悉顾客的喜好，才能一步步打开顾客的心理防线，获取顾客的信任，为日后的营销铺就道路。

有个销售人员，在顾客的朋友圈了解到对方刚刚怀孕三个月出现了孕吐现象，就主动花钱购买了进口保健品送给她，当顾客收到后很是感激，微信上两人也聊得勤了，后来两人成了很好的朋友。

不要担心你在微信里的问候得不到顾客的回应，因为大多数人都不会拒绝别人的关心，只是嘴上不会说出来罢了，他们会静静地观察，看看你与其他销售人员有什么不同之处。做销售不能没有特点，要用心地去和顾客沟通。

针对顾客的不回复，可以灵活采取下面的一些办法：

（1）找各种理由套近乎，千万不要让顾客忘记你

可以在节假日、顾客生日的时候给顾客发信息嘘寒问暖，多

一些真诚的话语，无论顾客回不回复，多加深一下对方的印象总没错。坚持也很重要，不要三天打鱼两天晒网，发着发着觉得顾客始终不搭理就泄气了，说不定哪一天你的坚持就会得到回报。

（2）有降价或优惠活动及时通知

如果顾客曾经咨询过的产品或服务最近在降价促销或搞优惠活动，销售人员可以第一时间给顾客发信息，顾客看到如果感兴趣自然会询问你。

（3）摸透顾客的兴趣点，挖掘顾客的需求

通过对顾客朋友圈的观察，把握顾客的兴趣爱好所在，寻找机会投其所好，找到可以沟通的共同话题，比如房子、汽车、电子产品、电影、社会热点，等等，只要顾客愿意回复，随着交流的逐步深入，之后的事情就会好办得多。

（4）经常跟顾客分享有价值的内容

无论是通过发朋友圈还是直接发信息给顾客，销售人员都可以时常分享一些与行业、产品、市场有关的动态信息，吸引顾客的注意，如果让顾客感觉到你分享的内容很多都是对他有用的，顾客就会更多关注你，愿意和你聊天了。

（5）有合适的新品，及时推荐给顾客

根据顾客的目标市场和产品需求，在有合适的新品时，给顾客发信息进行分享，一旦顾客有需求，就会主动地进行咨询。

同时，要学着对顾客的购买潜力进行区分，哪些是潜力不错的，哪些是潜力一般的，哪些是毫无潜力的，可以选择不同的方式去应对。很多有价值的潜在顾客不仅要用技巧，更要用心。销售人员在分析顾客的同时，顾客也会反向分析，合作的选择是双向的。

要做好 100% 的努力，哪怕最终没有成交也要坦然放弃，把更多的精力放在其他更有潜力的顾客身上。

顾客为什么不愿意面谈

对销售人员来说，必须获得与顾客面谈的机会，电话、微信、短信等只是预约见面的一种手段，只有与顾客面对面地沟通交流，对彼此的形容音貌、性格特质、兴趣爱好有更深的了解，才能建立起相互的信任，甚至成为朋友。

所以，要把握好一个原则，那就是电话预约的目的就是要与顾客见上一面。只要顾客同意见面了，销售人员的机会也就来了。

不过，顾客通常都会在电话里拒绝面谈，原因无外乎以下几种：

其一，对你很陌生。如果顾客根本就不了解销售人员是个怎样的人，以前也未曾见过面，完全处于很陌生的状态，第一反应自然是拒绝。

其二，没有潜在合作意向。如果顾客并非目标顾客，也没有任何潜在的购买意向，对销售人员介绍的产品或服务完全提不起兴趣，也会毫不犹豫地拒绝面谈。

其三，选择的见面时机不合适。如果销售人员打电话给顾客预约的时间不对，顾客觉得不合适，那段时间他正好很忙或出差之类的，当然也会拒绝面谈的邀请。

其四，不认可产品。如果顾客对销售人员提供的产品品牌、价格等方面不太认可，觉得不是自己想要的，拒绝也不可避免。

其五，暂时没有需求。如果顾客对销售人员并不反感，只是暂时没有相关的购买需求，就会找理由推托。

顾客在电话或微信中拒绝见面是常事，但销售人员只有坚持见面才有可能成交。古罗马诗人奥维德曾经说过："忍耐和坚持虽是痛苦的事情，但却能渐渐地为你带来好处。"

现实中，大多数线下的业务都是需要销售方与顾客方当面洽谈的，所以销售人员打给顾客的初次电话大多都是为了预约见面。销售人员在给顾客打电话时必须坚持见面这个最简单的目标，无论顾客用什么理由拒绝，电话里所有的说辞都要围绕着预约见面成功这一目标。

有一次，某杂志的主任编辑老周正在编辑一本《××市家电产业发展报告》，需要采访一些当地知名的家电企业老板。于是老周电话预约某家机电集团公司的吴董事长，说下午想去办公室拜访一下他。

吴董事长不太情愿，便在电话那头对他说："看天色快要下雨，就算了吧。"

"下雨算什么，老天爷就是下砖头我也要来，风霜雪雨都不怕的！"老周明知吴董事长拒绝见面，但语气依然十分坚定地说。

感受到老周这样的执拗性子，吴董事长只好答应了他见面的请求。

当老周下午到达吴董事长的办公室，寒暄的话题首先就是他的“下砖头”这个比喻。吴董事长不无赞许地道：“行啊，听说你下砖头都要来，当时我就觉得你这个人是个非常敬业的人，做事执着敢为，让人不禁感动，所以我没法拒绝你。”

很多年过去了，老周一直都记得吴董事长赞许他的神情和言语。很多时候，做销售就是一件简单的事情，需要执着与坚持，给别人一份感动往往意味着成功的开始。

针对不愿面谈的顾客，可以参考以下一些建议：

如果对方说“我很忙，没时间”，销售人员可以回道：“这我是非常理解的，时间对我们来说都是很宝贵的。不过，您只要给我 5 分钟就足够了，不会耽误您更多的时间，相信给您推荐的一定是对您很有用、很有价值的产品……”

如果顾客说“对不起，我没有兴趣”，销售人员应该说：“我完全理解您，先生，要让您对一个不知道会有什么好处的东西感兴趣确实是强人所难，您有疑虑也是很正常的。正因如此，我才约您见个面。您看，明天上午 10 点过来拜访您，为您详细解说一下，可以吗？”

如果顾客说“我再考虑考虑，过两天给你回电话”，销售人员可以说：“谢谢您的信任，不过您看我后天下午晚点儿的时候再给您来电话这样会不会更好些？或者您说个您方便的时间。”

顾客拒绝面谈的理由很多，但无论如何，销售人员的处理方式只有一个——想尽各种办法，坚持让顾客同意见面。而不是轻易说出“好吧”这样的放弃之语。只要顾客有所动摇，销售人员就可以乘机跟进，把握住见面的机会。

顾客有诚意的几种表现

销售人员在添加上顾客的微信或互相留下电话号码之后，有诚意的顾客会通过一些言行表现出来。出色的销售人员应当善于细致观察，去发现和捕捉顾客的诚意，恰到好处地把握住机会，趁热打铁，促成最终的产品或服务成交。

主动联系顾客，是为了达到销售的最终目的——成交，而何时成交是要看机会的，这有赖于销售人员敏锐的洞察力。那么，如何判断顾客是有诚意的呢？可以通过以下几种方式来进行辨识。

（1）看顾客回信息或接电话时的态度

如果销售人员给顾客发短信、微信信息，打电话或朋友圈评论，顾客会及时给予回复，态度表现亲切，并没有让人感到是在敷衍、排斥或拒绝，那就能够进行良性的沟通。

（2）看顾客是否会主动询问问题

如果销售人员和顾客互相留有电话、微信等联系方式，顾客主动向销售人员询问关于产品、服务、价格或优惠活动等的相关信息，那就说明他是比较有诚意的，有购买的兴趣。对此，销售人员要针对顾客提出的问题给予专业性的解答，并随时做好成交的准备。

（3）看顾客是否对你的介绍比较接纳

当销售人员在与顾客进行电话或微信交流时，顾客对产品的介绍显得有兴致，沟通比较融洽，对价格也没什么异议，愿意做进一步的交流，一切向着顺利的方向发展，就是购买的信号。

（4）看顾客有没有提出相关要求

当顾客与销售人员讨价还价，或者要求赠送礼品、延长保修期、更好的付款条件或付款方式等，这就表示他决定购买，此时抓住时机就可以促成交易。

（5）看顾客是否愿意进一步面谈

留下顾客电话号码或加了微信之后，如果双方沟通得比较顺畅，你跟顾客预约进行面谈，顾客能爽快答应，说明他对你是比较信任的，也乐意在你这儿买东西。

（6）看顾客是否会介绍新的客源给你

如果顾客自己因为某些原因暂时没有在你这儿购买，但却通过电话或微信将自己的亲戚、朋友等介绍给你，那就可以看出他对你很认可，把你当朋友一样对待，愿意推荐客源。

（7）看顾客对产品需求是否精准

有购买意向的顾客，通常在与销售人员通过手机沟通的时候会比较精准地提出自己的需求。比如对于买房的顾客来说，如果他打定主意买，就必定对自己想买的房子要求很明确，面积、户型、采光、所属小区、所在区域、是否临近地铁、周边配套设施等，越是要求比较多、比较细致，购买意向就会越大。

遇到这样的顾客，销售人员绝不要仅限于手机交流或发房源类型和图片给顾客参考，更要带他实地去看符合顾客 70% 以上要求的房源。随意敷衍只会让顾客对你的服务产生怀疑。如果暂时没有合适的房源也要继续和顾客保持沟通，等到有合适的房源第一时间告知顾客。

（8）看顾客是否愿意积极配合

添加了顾客微信之后，如果销售人员询问顾客问题想了解一些信息，顾客都乐意回答，积极配合的话，往往都是购买意愿很强的顾客。销售人员一定要把握好机会，及时拿下订单。

（9）看顾客是否认真谈价

顾客在对产品或服务有了一个细致而深入的了解后，通过电话、微信等形式表示想谈一下价格，并且出价不是太过分，就表示是想真心购买，只是想争取最大的利益，以比报价更低一些的价格成交。

（10）看是否出现成交信号判断

在与顾客沟通的过程中，尤其是临近成交环节的前夕，顾客会不经意地流露出一些信号，常见的有两种情况：一是语言信号，如“如果今天买的话什么时候能够收到呢”“要是能再便宜点儿我就买了”，或者顾客开始询问购买多少数量会有价格上的优惠，详细了解送货、使用等售后问题；二是行动信号，顾客在电话里或微信上不断提出问题，仔细研究产品、性能、报价等信息，要求销售人员多分析和给予建议。

（11）从了解途径判断

如果顾客并不是销售人员主动添加的，却主动给销售人员打电话或加微信好友，表明是经人介绍或看到宣传广告来询问他感兴趣的产品或服务，说明他的意向是比较大的。

判断清楚了顾客是想买还是不买，只要顾客释放出购买信号，销售人员就可以做到有的放矢，把握住时机，主动提出成交建议，争取一锤定音。

为什么顾客不喜欢交定金

像买房、买车、装修、买手机等消费经常会涉及“定金”二字，定金是指顾客和商家为了保证购买行为的完成，约定由顾客先行支付给商家一定数额的钱作为担保，定金数额一般不得超过合同或商品价值总额的20%。

交付定金的时间，由商家和顾客双方事先约定。顾客付了定金后却毁约，将无权要求商家返还定金；商家收受定金后，却无法履行承诺，应当按约定加倍返还给顾客定金。

尤其是定制行业，收受顾客定金是销售的第一步。顾客一般会说：“你们先做个方案给我看吧，如果觉得还不错的话，就跟你们签合同，在你们这儿购买。”但是商家费心费力将方案做出来后，顾客却很可能说不满意而最终没有购买，甚至顾客拿着商家制作的方案去其对手那里买了别人的产品。

所以在不少购买活动中，顾客都需要先付给商家定金，显示出诚意，这样商家才会按需求生产产品或者制作方案。但是很多情况下，顾客是不喜欢交定金的，究竟是为什么呢？

第一点，“定金”这个词，顾客本身会自然而然地比较反感，一提到总会有强烈的逆反心理。干吗要交“定金”？顾客会觉得商家在说他没诚意，想通过收取定金来把顾客圈住，“交了定金就不怕你反悔，反正你得乖乖地在我这里买这产品”，这样想的话，顾客心理上就会不舒服，不愿意交定金。

第二点，顾客担心后面心意变动。谈到交定金时，一般处于初步意向成交阶段，顾客觉得自己还没有完全考虑清楚，如果交了定金后说不定想法会变。万一不愿意在该商家那里购买产品了，定金拿不回来，就造成了顾客的金钱损失。所以，顾客一般是不想付出定金的，除非顾客购买决心特别坚定。

第三点，担心东西不够好，价格不够优惠。顾客本身还想“货比三家”，再多看看。一旦商家想用收取“定金”来套牢顾客的话，顾客在没有做好购买决定的情况下会显得不情愿，担心向他推荐的商品不够好，价格也不够优惠，怕自己吃亏。

第四点，顾客购买意愿不强。如果顾客对商品的相关信息了解后却又犹犹豫豫，并不是很想买它，觉得不称心而商家还让顾客交定金，顾客肯定会不情愿，或者明确提出异议。

销售人员要引爆顾客的购买热情，促成其下决心支付定金，就要找到能够吸引顾客的点，比如通过认购火爆、库存不多、畅销缺货、活动时间有限等手段，让顾客感觉到你给的理由很正当，机会难得，“机不可失，失不再来”，那就不会再去比较和拖延，而直接地给付定金，不再变动了。

当顾客在销售人员提议先交定金时，说“我再考虑考虑吧”，销售人员可以这样回答他：“先生（女士），这是最后的一点儿存货了。您也看到了，我们这款产品卖得非常火爆，导致很多型号都缺货，如果您现在确定下来，我不敢保证什么时候能有货。”如果顾客对产品有意向，听到这么说一般会松动，考虑及时定下来。这是一种现货逼单法。

销售人员还可以采用涨价逼单法。如果顾客本身对产品挺感兴趣，但是不愿意交定金，销售人员可以抓住时机对顾客说：“大哥（姐姐），我觉得跟您蛮投缘的，感觉您是个很亲切的人。不瞒您说，建议这款产品您还是早点儿买，反正早晚都是要买的，并且现在买绝对是很合适的。听老板说，由于原材料成本的提高，马上要宣布产品提价 10%，现在不买的话到时价格涨上去就不划算了，您说是不？”

最优惠逼单法。在顾客摇摆不定不想交定金时，销售人员可以用“价格上最优惠”的说辞来打动顾客。比如说：“先生（女士），如果您今天买没问题的话，我会向公司申请给您一个最优惠的价格，并且这个价格绝对会让您满意。”

如果顾客对销售人员说：“定金我就不交了，你们‘五一’‘十一’会不会搞促销活动啊？会的话我到时再来买吧。”销售人员可以回复：“先生（女士），现在给您的价格已经是最便宜的了，要不您看这样，如果到 ×× 节日的时候产品的价格确实比现在便宜，我们就双倍差价补偿给您，并且可以将它写在合同里。”如果销售人员这样说，那顾客多半就没有什么再变动的疑虑了。

第六章

理顺与顾客的关系

销售行为没有固定的方法和规律，有的只是一种基础认知，像极了武侠世界的内功——内功深厚，简单招式事半功倍；内功不行，有的招式就成了花架子。

顾客需要什么，就提供什么

作为商家，向顾客提供商品或服务，必须了解顾客的真实需求。对于顾客的需要，有的销售人员会说是良心产品，有的说是有价值的产品，有的说是合理的价格，也有的说是高质量的服务。这些说法都不算是错的，只是不够全面。

如果顾客需要的是最有价值的产品，只有销售人员提供的产品对他来说是很有用处的，他才可能会购买，不然的话就会转向别家。如果只做一锤子买卖，不追求回头客，销售人员只会让自己的路越走越窄。只有将顾客群体不断壮大，才会有更多的机会去销售产品。所以，一定要让顾客对自己产生信任，为顾客提供优质的产品和服务。

销售人员要尽自己最大的努力，去为顾客争取更大的优惠。很多顾客都喜欢讲价，想花最少的钱买到最合适的产品。有时候顾客在签合同或决定付款前会拿不定主意，产生犹豫的心态，大都是销售人员还没有给到让顾客下定决心的利益或优惠。如果销售人员能够做到不顾自己的眼前利益，那将会有意料之外的收获。

曾经有一位电脑推销员，每一次拜访顾客的时候都会请顾客再帮自己多介绍几个顾客，了解到推荐过来的顾客信息后再去逐一拜访。当然，这种情况的前提是，你跟想帮你的顾客关系不错，他对你有好感，也很信任你，不然不会愿意帮你。

顾客希望销售人员提供完善周到的服务。无论是购买过程中还是购买产品后，销售人员的服务态度都会影响到顾客的购买效果。如果销售人员对顾客的服务做得细致周到，令顾客有宾至如归之感，就能真正地留住顾客。

顾客需要的是销售人员的自信，因为你的自信才能更好地证明产品是真的好；顾客也需要销售人员的真诚，真诚地对待顾客，可以让顾客更愿意信赖你，觉得你可以帮助到他；顾客还需要销售人员洋溢的热情，没有哪个顾客会喜欢一张紧绷着的苦瓜脸；顾客更需要销售人员周全的服务，优质的服务才会让顾客选择你。

概括起来，顾客需要的除了产品就是服务。服务是琐碎而隐于细节的，销售人员应当从细节入手，通过对顾客的观察来提供其所想要的服务。

（1）微笑

顾客想看到销售人员发自内心的微笑，充满着职业素养和人文关怀的真挚笑容，让顾客觉得容易亲近，没有距离感。

（2）专业

销售任何产品和服务都要求销售人员要专业。当顾客有问题、有疑难时，销售人员可以给予专业的解答，而不是只知道讲推销的产品多么好、多么值得购买，或者在面对顾客的问题时回答“不知道”。

（3）适度

顾客都会反感销售人员的一味推销，丝毫不考虑顾客的接受度。虽然每个销售人员都想销售更多的商品，提高自己的业绩，赚取更多的收入，但并不意味着要强行推销，让顾客买下不合适的商品，引得过后顾客的懊悔和不快，留下差的印象，想让其下次再来购买就难了。

（4）用心

如果顾客想购买某种商品却暂时缺货，销售人员遇到这种状况要坦诚告知，并记下顾客的需求，在有货时马上通知顾客。若是能够想办法满足顾客的需求，将会带给对方惊喜与感动。

（5）真诚

销售人员在工作中难免会出错，如果不小心犯下错误，给顾客带来麻烦，就要诚恳地向顾客道歉并想办法弥补，将错误产生的损失降到最低点，尽可能取得顾客的谅解。对错误的无视和处理不当，只会招致顾客的不满和反感，所以真诚才是解决问题的根本态度。

（6）始终如一

无论顾客买不买你的产品都要提供一以贯之的服务，不能因为顾客不想买你的产品就恶言相向或不给好脸色看。顾客哪怕这次没有买依旧会是潜在消费者，会通过自己看到的、听到的来传播购物感受，销售人员要在顾客面前树立良好的形象。

满足顾客需要在销售过程中很重要，也是销售的目的所在。但并不是说顾客需要什么就必须唯顾客是从，哪怕顾客的需求是不合理的、过分的、满足不了的。所以，在为顾客提供商品和服务的过程中还要坚持一定的原则，面对顾客的不合理需求，要有技巧地进行解释说明，在不驳顾客面子的情况下妥善处理，取得顾客的信赖。

顾客和你，不是对立关系

因为职业的需要，销售人员理论上是站在顾客的对立面，头头是道地讲解产品特性，想赢得这一单，从顾客身上赚取收入。如果沟通得不顺利，相互之间就可能产生矛盾，甚至会遭到顾客投诉。

营销专家博恩·崔西在《销售圣经》中谈道："要对每个反对意见都给予赞扬，把它们当成是对你产品深思熟虑的思考。你越赞扬客户的反对意见，他越有可能提出更多反对意见，不断地把他的每个顾虑都告诉你……"

来看下面这个场景。

卢小姐两周前买了一双某品牌的高跟鞋，才穿了没多久就发现左脚鞋底开裂。卢小姐很不高兴，于是来到买鞋的这家专卖店，找到当时的导购员。

导购员："您好，请问有什么可以帮您的吗？"

卢小姐语气有些急促："我两周前在你们这儿买的高跟鞋鞋底开裂了，质量真差！"

导购员："您先别着急，我给您看看，如果真的是质量问题的话，我们是包换包退的。请放心。"

卢小姐："以前我虽然没有在你们家买过鞋，但有朋友买过，说质量不错，我才来买的，没想到却这样。"

导购员："是的，我们这儿卖出去的鞋很少出现质量问题，出现这样的状况我感到很抱歉。我马上给售后部门打个电话，把您的问题告诉他们，尽快给您答复，您可以先到旁边等待一下。"

卢小姐："好吧。"

因为当时电话没打通，导购员又再连续拨了几次，结果等了10分钟电话还是没接通。于是导购员继续打电话过去，电话终于打通了，说明情况后道："这边顾客正着急等结果呢，麻烦现在就给我一个准确的处理意见。"

售后那边答复可以退换后，导购员走上前对卢小姐道："小姐您好，不好意思让您久等了。售后部门已经给我回复，说这双鞋确实是我们的责任。您看是想退款呢还是换一双别的款式？这周又出了一款新的高跟鞋，您可以试试看。"

卢小姐："这双鞋不会再出什么问题了吧？"

导购员："您请放心，这双鞋是最新的款式，细高跟，设计得很漂亮，一看您就是很爱美的女士，挺适合您的。"

卢小姐："那成，你给我拿双37码的……"

销售人员要明白，顾客和你并不是对立关系，无论是当你与顾客成交的时候，还是在处理顾客的不满或投诉时，一定不能站在顾客的对立面，而要站在顾客的角度思考问题，圆满地解决问题。

比如像上面例子中提到的顾客投诉问题，最忌讳的就是销售人员借故拖延。如果不及时处理会让顾客感到不受重视，从而产生更大的不满情绪，造成顾客的流失。

遇到顾客投诉时必须快速解决，哪怕手上有再重要的事情也要暂时先放一放，尽可能第一时间投入对顾客投诉的处理中去。当顾客感受到你尽心的一举一动，才能真正信任你，对你认可。

顾客表现出不满，销售人员要表示出焦急的神情，将心比心地与顾客沟通，化解异议与疑难，让顾客觉得你重视他，在情绪上找到“知己”，获得心理上的安慰。

通常情况下，顾客会默认为销售人员是站在自己的对立面的，认为销售人员首先考虑的是自己的利益，遇到麻烦问题会推三阻四不想解决。这时，销售人员就要巧妙地置换立场，把顾客当成是一同解决问题的帮手，而非麻烦制造者。

当销售人员表示很高兴看到顾客提出疑问，以诚恳的态度面对，帮助顾客解决，这样顾客的火气就容易消掉一大半，不再把销售人员看作是对手。

要切记，面对顾客提出不满意见的时候千万不要去打断他，不然很容易激发矛盾甚至导致争吵、动手等更大的麻烦。博恩·崔西也说过：“无论客户说什么，你都要完整地听完。因为对客户来说，你尊重他的问题对他而言是很重要的。”

身为销售人员，无论在什么情况下都不能站在顾客的对立面，而要站在顾客的角度思考问题，在其阐述意见时注意倾听，找出顾客纠结的点，见招拆招似的一一化解，让顾客得到一个满意的结果，同时也能赢得顾客的尊重。

顾客都有防备心理

销售领域里有一句话：虽然我们不能代替顾客做出购买决定，但我们却可以对顾客的购买决策施加影响。如果引导得当，顾客做出决定的速度就会很快，这会间接帮助我们实现成交。

为什么在销售过程中，顾客会不愿意听销售人员对产品的介绍？为什么不管销售人员说得多么口干舌燥，做了多少努力，顾客都一无所动？为什么顾客只是逛了一圈就走了，不愿意和销售人员多交流？为什么顾客总是淡漠地表示需要再考虑一下？为什么顾客会因为价格问题，而到最后不了了之，没有购买？

一切的答案都在于：销售人员与顾客之间的关系没有破冰。

销售人员与顾客两者存在着一种与金钱相关的利益关系，而这种关系时常导致彼此站在对立面。顾客因此会对销售人员产生不信任，无形之中有一层冰带似的障碍，防备心理的存在影响销售的成功进行。身为销售人员，要让顾客留下来愿意聆听关于产品或服务的宣传介绍，愿意沟通，就必须努力消除顾客的防备心理，融化这层冰带。

要消除顾客的防备心理，我们可以这样做：

（1）态度亲切

首先要让进店购物的顾客感到轻松、自然而舒服，而不是一下子就对销售人员产生陌生感、疑惑感、距离感和压抑感。

（2）留出独立时间

顾客进店后，销售人员需要给其留出一定的独立浏览时间，比如 10~20 秒，然后根据顾客的言谈举止进行判断，找准接近的最佳时机。

虽然顾客进店都带有一定的目的性，哪怕只是想随便闲逛也可以说是一种目的，但在他们还没有找到感兴趣的购买目标时，销售人员如果提前进入顾客的思考范围中，开始喋喋不休地步步紧逼，很容易就会让顾客产生排斥和逆反心理。所以，一旦看到顾客比较沉默，不喜欢人打扰，就要给其留下一定的选择空间。可以对顾客说："先生（女士），先随便看看，有什么问题随时可以招呼我。"比"先生（小姐），您想买什么东西？"或"先生（小姐），请问有什么可以帮您的？"给顾客带来的心理压力要小得多。

（3）引导顾客了解产品

这里有三层含义。第一层含义是要了解顾客的真实需求，从而更好地对症下药；第二层含义是恰当地通过反问句式来探寻顾客的真正疑虑所在，帮助顾客打消存在的疑问；第三层含义是为顾客给出购买理由，为什么要为这件商品花钱，它值得的地方在哪里，让其心理上得到安慰。

（4）抓住顾客心理

如果顾客仍然心存防备，不愿意付款购买，一定不要心急，而是要多研究顾客的心理，站在顾客的角度将心比心地思考问题，仔细分析是价格、质量还是其他方面的原因所导致。

（5）增强顾客的信心

销售的本质在于信心的转移，假若你能让顾客感受到你对公司、对产品充满了信心，而这种强大的信心也会不自觉地传递给顾客。亲和力十足的微笑和周到细致的服务态度，也会让顾客对你更加信赖。

（6）在选择中成交

在为顾客推荐产品时可以提供两个选项，无论顾客选择其中哪一件产品都是我们想要的结果。不要问顾客买还是不买，而是在“买”的导向性目的中让其做类型选择，比如："您喜欢红色的还是蓝色的？”“想要件宽松一点儿的衣服还是紧身一点儿的来搭配？”“试一下高跟的还是平底的？”

在我们身边，经常有很多假定成交的例子存在。您和朋友到饭店吃饭，服务员在问点什么饮料时一般是问“您是喝啤酒还是白酒”，而非“您喝酒吗”。要注意的是，引导顾客成交时，尽量不要给出两个以上的选择项，选择项多了反而会让人无所适从。

（7）直陈顾客最关心的利益

要把购买产品或服务所能获得的实际好处都展示给顾客，并把顾客最关心的事情进行排序，让产品的特点与顾客的关心点紧密结合。在顾客所有最重视的利益得到满足后，购买目标也就容易实现了。

（8）协助顾客成交

不少顾客即便有购买产品的意愿也不会很迅速地就爽快付款，而总是要东挑西选一下，在颜色、尺寸、大小、样式、品牌、性能等方面进行比较。这时，销售人员不要催促购买，应当热忱地给顾客服务好，给予顾客参考建议，帮助顾客挑选最合适、最满意的产品。一旦顾客做好了购买某款产品的决定，签单也就十拿九稳了。

顾客的坦然相告代表什么

世界上最伟大的推销员乔·吉拉德告诫我们:“不要企图依靠谎言成为一个成功的销售员。这是跟诚信销售背道而驰的一种做法。任何一个头脑清醒、有理智的销售员都不会卖给客户一辆六个气缸的车，然后告诉客户买到的车有八个气缸。客户不是傻子，只要他们一掀开引擎盖，数一数配电线，就可以揭穿你的谎言，这个时候你就真的死定了。”

这句话是说，销售人员要站在顾客的角度思考问题，对顾客说真话。但有很多销售人员为了自己的利益，只顾一味推销产品，将产品夸得天上有地上无，非要逼迫顾客购买不可。能够隐忍的顾客或许会脾气好点儿，明明不想买却会敷衍一下，找理由推托然后借机离开。

但也有的顾客不愿意与销售人员虚与委蛇，不想继续忍受被推销的困扰，直接坦然相告“这产品我不喜欢”“颜色不是我喜欢的”“款式太老气”“设计太土”“价格太贵”“不感兴趣”等，让销售人员明白他确实不想买这款产品，言下之意是你别再推销了，说再多也没有任何意义，这产品就是不合我的心意，不买就是不买。

愿意说真话的顾客，是值得尊重的。

很多时候销售人员和顾客之间没有建立起良好的反馈机制，哪怕顾客想说真话也不好意思说，或不方便说。如果顾客的真实想法一直被压抑着得不到释放和解决，那结局只能是让顾客离你越来越远。

作为顾客，经常会是比较盲目的，并不确切地知道自己想要什么。这种情况下，在销售人员问询的时候不知道如何回答才好。

另一种情况是顾客知道自己想要什么，但并不确定一定在你这里买。所以顾客会想办法藏着掖着，不告诉销售人员自己的真实想法，就是怕说了以后销售人员会想方设法让自己感觉他们的商品可以满足需求。这样的话，顾客本身不想在这家店买，就计划着要走，要走还得编理由来搪塞，要是被销售人员搞得不好，心里会不舒服。

如果顾客坦诚相告，说明他为什么不中意你的商品，多半说明他不愿意找理由敷衍，不想兜圈子。这时，如果不能就顾客提出的问题“价格太高”“款式不是喜欢的”等做出让步或改变，给出解决方案时，就应当尊重顾客的想法，退一步海阔天空，给顾客留下一个好的印象。

另外顾客坦然相告，给商家的产品或服务提出意见，商家当高度重视，诚恳接纳好的谏言，在顾客的帮助下不断改进，提升美誉度。

很多餐饮店在开业不久后生意会出现“滑铁卢”的现象，店主想了解为什么顾客光顾得少了一般喜欢采用“调查”方式向顾客询问:“您觉得我们的菜品怎么样，还合您胃口吗?”但大部分顾客可能都会敷衍地回答“不错”“挺好的”，然后却再也不来了。

如果餐饮店的菜品、服务、环境都没有什么问题的话，那为什么顾客越来越少了呢?为什么会生意不好呢?从根本上来说，顾客花钱，商家赚钱，其中掺杂着一种对立关系。如果顾客坦诚相告提出意见来，“我觉得菜的味道一般”“盐总是放得太重”“不够辣”等，说明他是真诚的，希望看到你的改进，希望你能重视存在的问题。

假话，有人说有人听，虽假但容易讨好人。作为销售人员应当听真话，知道顾客的真实心理状态。但几乎所有人也都知道真话不一定好听，毕竟真话不是人人都敢说，尤其愿意说真话的顾客更是少之又少。

顾客坦然相告的真话也许难听，但却真心实意。如果顾客毫无掩饰地说“你们的产品定价不合理”“设计得有问题”“质量太差”“味道太清淡”等问题，那商家一定要多听顾客的话，认真总结反思，只要顾客说的话合情合理，观点是客观的，那就要多吸取意见，不断改进产品或服务，以期真正满足顾客的需求。

诚实和守信是做人的基本原则，在商业领域也是非常值得重视的。尊重坦然相告的顾客，妥善处理与顾客之间的关系，用真诚赢得顾客的敬重和信任是商家和销售人员的一门必修课。

安利模式的解读

如果问起国人对于直销的概念，很多人的第一反应就是想到“安利”。作为全球规模最大、做得最为成功的直销公司，毫无疑问，安利几乎已经在公众心目中和“直销”一词画上了等号。

安利，英文为 Amway，是一家总部位于美国密歇根州亚达城的家居护理产品公司，由杰·温安洛和理查·狄维士 1959 年在家中的地下室创立。经过 60 年的发展，安利已然成为世界知名的大型日用消费品生产及销售商，业务遍及 80 多个国家和地区。

早在中国直销市场发展之初，安利公司就已入驻中国。1992 年，安利在广州投资 8000 多万美元，成立了安利（中国）日用品有限公司这一中美合作大型生产企业，工厂总面积达 14.1 万平方米，生产 4 大系列、近 180 款产品。与此同时，安利还在北京和上海设立地区办事处，1995 年 4 月在广东、福建两地的分公司正式营业。27 载过去，目前安利（中国）经营区域已遍布全国 31 个省市区，中国也成为安利全球最大的市场。

早在 1998 年 7 月，安利（中国）就经国家批准采用“店铺销售加雇用推销员”方式转型经营。也就是说，安利始终保留和坚持以直销为核心理念的经营模式。直销本质上是通过简化、消灭中间商的手段，来降低产品的流通环节成本，由厂家直接把商品送到顾客手中，尽最大可能满足顾客的利益需要。

安利在中国取得的巨大成功并非偶然，而是从一定程度上表明了中国市场对直销的需求和适应。直销是“人对人”的销售商品或服务，主要特点是不通过固定的零售店来进行销售。早在20世纪50年代，安利的两位创始人在上门向顾客推销纽崔莱维生素的过程中就发现了一个事实：人与人的关系是任何事业得以成功的核心，只要有顾客的信任，就会有源源不断的业务。这个发现，是一个极其深刻，直到今天仍然很有价值、很有启发意义的营销真理，即与顾客关系的理顺。采用多层次直销模式的安利，注重以顾客为本，非常善于利用人与人之间的关系来建立销售渠道，不但包括了众人中间商、代理人中间商，也将有分销渠道的起点生产者和重点消费者包含在内。

作为一种销售行为，直销通过销售产品来获利，并且建立起忠诚的顾客体系。安利公司采取完全的直销模式，通过建立各种直销渠道来实现产品的销售。公司的销售人员会主动地了解顾客需求，向顾客推荐合适的产品，介绍产品的特点、优势，并进行使用方法的示范，最后亲自送货上门，让顾客享受到一种亲切、方便、细致、周到的销售服务。

在这种销售方式下，要求销售人员逐步建立起自己的人际关系网络，并逐步将之扩大，降低产品的销售成本。直销人员的培训、会议通常是以聚会的形式举行，比如家庭聚会、中心聚会、大型聚会、旅游研讨会、特殊训练会等，显得既亲切温馨，又经济实惠，渠道的建立和员工之间的沟通也得以顺利展开。

直销渠道的建立可以最大限度地激发销售人员的主观能动性，一方面降低成本，另一方面拓展产品的销售渠道，不断拉近销售人员之间以及销售人员与顾客之间的距离，提升销售团队的凝聚力，增强顾客的忠诚度。

从奖金制度和销售团队的建设上，安利（中国）公司提供了最有利的发展条件和最有力的业务支援，促进其快速、健康发展。2001 年以后，安利在产品的宣传方面改变了方式，力度得到加强，通过“媒介广告 + 销售代表的口碑宣传”，让所有的市场营销策略都围绕销售人员展开。通过强大的机构和销售队伍、卓越的产品品质和产品投放策略、先扬后抑的价格策略、电子商务及物流系统、独特的传播策略、人性化的激励制度、大公关等独特利器，安利创造了一个庞大的直销王国。

安利的营销，实质上是一种锁定市场的品牌营销。其在中国的业绩，绝大部分是由众多的忠实顾客所贡献的。很多忠实顾客都是从使用安利的一件产品开始，进而用上了公司的所有产品，让商家努力追求的目标得到完美实现。

有了大批忠实的顾客，当商家锁定的市场越大，销量、生产也就越会稳定增长，利润也会得到有效保障。安利让顾客既是顾客同时也是经营的参与者，极大鼓励了顾客自动自发地使用产品与研究产品。高品位的产品与文化，不断渗入顾客的思想、生活与家庭中，提供机会让其自发地宣传产品和拓展市场。

利润的回馈，让所有销售人员能够高效地全程服务好顾客，稳定顾客群体，促使顾客成为安利各品牌的忠实用户。也就是说，安利用最小的代价，换取了最为有力的销售体系和最大的忠诚顾客群体，取得巨大的商业成功。

顾客不喜欢只卖东西

很多人一谈起销售，都会简单地认为是“卖东西”，不少销售人员实际上也是这么做的。其实，这种对销售的理解方式是相当片面的。

人生无处不销售，销售实际上是一个分析需求、判断需求、解决需求和满足需求的全过程。很多人的销售做得并不成功，他们拼命地预约、讲解、讨好顾客，即便跑断腿、累断腰、磨破嘴皮子，顾客还是不买账。

我们经常会看到销售人员一见到顾客就两眼放光，迫不及待地要开始介绍产品、给出报价，把自己扮演得像专家一样，恨不得顾客马上就掏钱买他的东西。因为一般的营销人员都是这么认为：销售就是要卖东西。

但顾客并不这么认为。他们不是冷冰冰的机器，不是被动的倾听者、接受者、购买者，而是有感知、会思考、有主观能动性的人。即便是买东西，他们也总是希望有一个温馨的购物氛围，享受细致周到的人性化服务，能够买到合意的高性价比产品。

所以，销售人员不仅仅是产品的推销员，更是贴身顾问，代表了企业的形象，赋予产品以动态的活力，是品牌的代言，也是顾客的朋友。

产品或服务的价值体系，来源于顾客对品牌以及产品的忠诚度，乃至顾客的认可和信任。销售人员要做的不仅是完成产品的销售任务，更要获得顾客的认同，有效地推广企业的产品，树立良好的声誉。

场景 1：

黄灿灿最近想买一部新手机，希望设计风格简约，电池也要耐用。她平时经常去各地出差，忙起来的时候经常顾不上给手机充电，导致影响到工作。

当她来到商场的手机专卖店内，两位导购员立刻上来接待她，一位说："小姐，想买哪款手机呀？"另一位拿出了一款手机对她道："这款手机是才上市的新货，要不要看看？"黄灿灿停下来看了看那款手机，导购员就立即热情地介绍起手机来："这款智能手机功能很多，拍照像素也高，设计又新潮美观，好多顾客都很喜欢……"

谁知黄灿灿却皱了皱眉，并不感兴趣，就礼貌地笑了笑："我再看看其他的吧。"

然而那位导购员并没有打住话头，而是喋喋不休地继续介绍："这款手机的外壳材质很特别的，拿着手感可好了，不信你摸摸看……"

不等导购员说完，黄灿灿就直接扭头走开了。

这位导购员犯下的错误就是在根本没有了解顾客真实需求的情况下强行推销产品，连顾客表现出的缺乏兴趣也没有注意到，结果只能是南辕北辙。

场景 2：

黄灿灿再去其他专卖店看手机，在浏览的过程中发现了一款外观简约而又设计精致的手机。

看她的目光停留在该手机上，导购员便拿出了这款手机向她简单介绍了手机的基本功能，并问她道："您想买款什么样的手机呢？"黄灿灿答道："设计简单一点儿的，功能不用太复杂，最重要的是电池耐用。"

导购员在了解了她的需求后便说："我们品牌的手机设计一般都是简约大方型的，不过想要电池耐用的话，建议您看看另一款。"于是导购员拿出另一款手机介绍道："相比刚才那款，这款手机的电池使用时间可以更长。它的设计是我们品牌的经典款式，主要针对长期需要出差，手机使用频率高的顾客，并且还分男士版和女士版的不同风格设计……"

黄灿灿这下来了兴趣，开始拿着手机进行操作体验，感觉挺符合自己的需求。这时导购员继续说道："我们品牌的手机质量一向都很好，机芯采用的是目前国内最好的。原创电池绝对经久耐用，可长时间待机。并且，售后服务也是很完善的。"

对该手机品牌本来就比较有印象的黄灿灿终于动了心，想起周围的朋友、同事很多都在用这个牌子的手机，评价也不错，就果断买下了。

通过黄灿灿买手机的例子可以看出，顾客并不喜欢销售人员只是卖东西，而是希望销售人员能够尊重顾客，细心体察顾客的真实需求，提供最合适的产品和最优质的服务。

在销售心理学中，站在顾客的角度都会有几个疑问：你是谁？你要给我介绍什么？你介绍的产品和服务对我有什么价值？怎样才能证明你说的都是真实的？为什么我要在你这儿购买？为什么我应该现在就买？

卖什么并不重要，真正重要的是怎么卖。没有不对的顾客，只有不够好的服务。没有最好的产品，只有最合适的产品。成功并不是因为快，而是因为方法对了。

顾客的口碑效应来自哪里

在消费心理学领域有一个词叫作“口碑效应”，它是指由于顾客在消费过程中获得的满足感、荣誉感而产生心理正反馈机制，形成对外逐步扩大的口头宣传效应，给产品或服务带来光环，增进美誉度和顾客的黏性。

张三买了一瓶 × 品牌的洗发水，用着感觉很棒，用它洗发后不但头发清香爽洁，而且去头屑效果很好，发质更好、更乌黑、有光泽度，能防脱发并减少白发，满意之下就会自觉地向亲朋好友甚至陌生人夸奖该品牌的洗发水，向其他人做推荐。这样一传十、十传百，凡是用过的人都说好的话，口碑效应就会很明显，大家要洗头发的时候都会想到用它，而不是选择别的牌子的洗发水，从而提升对该款洗发水的购买量，甚至可能出现抢购。

顾客对产品或服务的满意不仅体现在结果的评判上，更体现为对过程的挑剔。心理上感到满足了，才会自觉地为商家宣传口碑。他们的需求有三种，一是产品，二是服务，三是附加值。

很多商家喜欢通过搞活动送奖品、促销优惠等手段来吸引顾客，力图增加销量，但这些手段大多数只能在比较短的时间内抓住顾客注意力，提高成交比率，但却并不能很好地打造品牌形象，增进顾客满意度，更不要说口碑效应的传播。

口碑效应的传播主要依赖于三个方面：

信息的价值是否真的对顾客有用。

信息能否引起使用者传播的兴趣。

信息是否比较容易分享、转发和评论。

可以说，口碑效应的传播是市场中最为强大的控制力之一。顾客的直接消费体验、家庭和朋友的影响、大众媒介的广告宣传、商家的市场营销活动，都会影响到顾客的态度，而口碑在顾客态度和行为中能起到很重要的作用，被誉为是“零号媒介”，可以说是现代商业社会最为廉价的信息传播工具和具有高可信度的营销媒介。

口碑营销既有正面的，也有负面的。如果一个人在家庭成员或朋友都说某款电子产品好后，耳濡目染之下就会抱着试一试的态度也买一款该产品来用，如果也像介绍他使用的家庭成员或朋友一样对该电子产品有很正面的评价，在得到强化后，那么就会一步步转变为产品的忠实顾客。

很多潜在的忠实顾客在接收到关于产品或服务的正面口碑信息后，会进一步增强信心，重复性购买该产品或服务，提高感知质量。而负面的口碑效应则是检验顾客对产品或服务忠诚度的试金石，尤其在商家遇到信誉危机的时候，负面口碑效应会如多米诺骨牌一样让原本忠诚的顾客变得动摇，潜在的顾客变得远离，不了解商家产品或服务的顾客变得拒绝。

可以说，任何一个商家的产品或服务，如果没有好的口碑，哪怕广告投入再多也无济于事，销售起来难度会很大。从顾客的角度来讲，只有商品有好的口碑才会乐于购买。

广告满天飞的时代里，质量是基石，诚信是根本，如果口碑差劲，再宣传得天花乱坠还是难以获得消费者的青睐。口碑效应相对广告来说，更能拉近产品或服务与顾客之间的关系，很多人喜欢在买东西时听取亲人的意见，或向朋友、同事了解信息。

商家要想打造完美的口碑效应，不仅要在产品本身上花费大力气，让其凭借过硬的质量和出色的性价比脱颖而出，还要为顾客提供优质的服务。只要产品好，服务好，顾客自然会替商家说话，既为产品或服务买单，也愿意为商家的效劳买单。

俗话说得好，“一分耕耘一分收获”，口碑效应的传播实际上是一种几何式的裂变。在顾客群口碑效应的影响下，可以产生一生二、二生四、四生八……甚至更多的裂变效果，吸引越来越多的顾客。

优秀的产品、贴心的服务，如果超出了顾客的心理预期，就算价格不便宜，顾客在享受后也会觉得超出所值，从而自动地成为口碑的传播者。“十字路口那家烤鱼店味道真是不错，服务也很赞，你有空一定得去尝尝。”“这洁面乳我是在 ×× 店买的，才 ×× 块钱呢，好用得很，赶紧去，现在还在搞活动……”

虽然好产品自己会说话，但只有用真心和诚意维系好顾客，为他们提供放心的产品和舒适的购物体验，他们才会真正成为产品口碑的传播者，让产品进一步打开市场知名度，形成可观的裂变效应。

售后，顾客会有哪些常见习惯

作为消费者，如果你在一家餐厅吃饭时饭菜里吃出了虫子，你会怎么办？如果你通过网上购物，买到了不满意的货品怎么办？如果你买的某款手机没用多久就坏了，你以后还会买该品牌的手机吗？这些都涉及顾客在售后的常见习惯话题讨论。

消费者行为学中，顾客在使用所购买的产品获得相应的消费体验后，就自己的感受而做出一个综合的评价，从而选择不同的对产品的处理方式，被称为“购后行为”。

使用产品的直观感觉如何，对购买到的产品或享受到的服务满意与否，产品在失去使用价值后该怎么处置，都属于购后行为的表现。

如果顾客的消费体验很好，一般会采取正向的行动，产生再购买或进行口碑传播；反之，则会产生差评，向他人进行反面宣传，甚至劝阻他人购买等。对当次购买的商品，顾客可能会选择出租、出借、束之高阁、折价处理、赠予他人、退货退款、直接抛弃掉等方式。

现实中，出现购后冲突是很常见的现象。比如有顾客这样描述自己的心理状态："我很喜欢买的这款新手机，比我以前用的那个要好很多，但是我想如果再多花点儿时间，相信我能买到一款更满意的手机。虽说新手机整体来看是物有所值的，价格也合适，用起来也满意，但有时候我也希望自己当时能够买一个档次更高一点儿的。"

从顾客的心理独白可以看出，他实则对已经发生的购买行为是有怀疑和不安的，购买当时和购买之后产生认知失调，从而产生购后冲突或购后不和谐。因为买了某件产品顾客的心理产生焦虑，其中的直接原因是在选择某一产品或品牌时，以放弃别的产品或品牌为代价，也就是付出了选择的机会成本。

只要顾客在买东西后内心产生"不和谐"和"冲突"，就会试图去降低这样的冲突。比如，为了安慰自己，他会试图去增加对所买产品的欲求感，"其实这产品还是不错的"；降低对未选择产品的欲求感，"那款产品也未必有想象的那么好"；降低购买决策的重要性，"无所谓，买都买了，也就一件被套而已，凑合着用就成"；退货，"这东西简直不值这个价，实在后悔，退了算了"……

当一件产品明显优于其他备选项，或在属性上别具特色，与其他产品没有可比性，或在没有选择余地下做的购买决定时，购后冲突发生的可能性会比较小。一旦顾客对购买行为的介入程度越高所做出的决定就越不容易改变，体验后感到焦虑的强度越大越容易产生购后冲突。

顾客正向的购后评价会影响其是否采取重复购买行为，也是留住顾客的基本条件。虽然顾客对产品满意并不能保证其忠诚度，但顾客保有忠诚则依赖于他的满意水准。产品本身、促销因素、竞争产品、顾客特征等都是影响顾客对产品或品牌预期的因素。产品的品质与价值、顾客对产品的态度和情感、顾客对产品的期望、对交易是否公平的感知、顾客的归因等则是影响顾客对产品实际效用认知的因素。

期望与实际效用认知，两者之间差距有多大，就意味着顾客的不满程度有多大。实际绩效比期望值低，顾客就会不满意，随之而来的也会是如何表达自己的不满。选择采取行动的顾客会向商家投诉，要求退款退货，或不再购买该品牌的产品或不再光顾该店；如果顾客不采取直接向商家表达不满的行动，则可能会告诉亲友，给予差评，向私人或政府机构投诉，甚至采取法律行动捍卫权利。

通常情况下，大部分对已买商品不满意的顾客会自认倒霉，不采取明显的抱怨行为，但也同时会对该商品产生不好的印象，今后再次购买的可能性降低。少部分顾客会向商家口头反映“你们的产品质量太差了”“存在安全隐患”等，会停止光顾该商家，转向购买别的品牌，也会通过媒体、消费者协会、政府部门等渠道进行投诉。

作为顾客对商品或服务的期望水平与实际水平之间的主观比较，顾客购后的满意度既是其持续购买的基础，也是影响其他顾客购买的重要因素，必须引起商家的高度重视。商家应做好售后服务，鼓励并方便顾客投诉，针对顾客的抱怨迅速采取应对策略，从行动上公平对待顾客，最大限度地降低负面影响，重塑品牌形象，不断提升顾客满意度，养成忠诚度。